EERSTE EDITIE - Gepubliceerd in 2022

Extra grafisch materiaal van: www.freepik.com
Dank aan: Alekksall, Starline, Pch.vector, Rawpixel.com, Vectorpocket, Dgim-studio, Upklyak, Macrovector, Stockgiu, Pikisuperstar & Freepik.com Designers

Ontdek gratis online spelletjes

Hier verkrijgbaar:

BestActivityBooks.com/FREEGAMES

5 TIPS OM TE BEGINNEN!

1) HOE OP TE LOSSEN

De Puzzels zijn in een Klassiek Formaat:

- Woorden worden verborgen zonder pauzes (geen spaties, streepjes, ...)
- Oriëntatie: Voorwaarts & Achterwaarts, Boven & Beneden of in Diagonaal (kan in beide richtingen)
- Woorden kunnen elkaar overlappen of kruisen

2) ACTIEF LEREN

Naast elk woord is een spatie voorzien om de vertaling te noteren. Om actief te leren vindt u een **WOORDENBOEK** aan het einde van deze editie om uw kennis te controleren en uit te breiden. U kunt elke vertaling opzoeken en opschrijven, de woorden in de puzzel vinden en ze vervolgens aan uw woordenschat toevoegen!

3) TAG JE WOORDEN

Hebt u al geprobeerd een labelsysteem te gebruiken? U zou bijvoorbeeld de woorden die moeilijk te vinden waren kunnen markeren met een kruis, de woorden die u leuk vond met een ster, nieuwe woorden met een driehoek, zeldzame woorden met een ruit enzovoort...

4) ORGANISEER UW LEREN

Wij bieden ook een handig **NOTITIEBOEKJE** aan het eind van deze uitgave. Of u nu op vakantie, op reis of thuis bent, u kunt uw nieuwe kennis gemakkelijk ordenen zonder dat u een tweede notitieboek nodig hebt!

5) AFGESLOTEN?

Ga naar de bonussectie: **FINAAL UITDAGING** om een gratis spel te vinden dat aan het einde van deze editie wordt aangeboden!

Wil je meer leuke en leerzame activiteiten? Het is Snel en Eenvoudig!
Een hele collectie spelboeken slechts **één klik verwijderd!**

Vind uw volgende uitdaging bij:

BestActivityBooks.com/MijnVolgendeBoek

Klaar... Start!

Wist u dat er zo'n 7000 verschillende talen in de wereld zijn? Woorden zijn kostbaar.

We houden van talen en hebben hard gewerkt om de boeken van de hoogste kwaliteit voor u te maken. Onze ingrediënten?

Een selectie van onmisbare leerthema's, drie grote plakken plezier, dan voegen we er een lepel moeilijke woorden en een snuifje zeldzame woorden aan toe. We serveren ze met zorg en een maximum aan verrukking, zodat je de beste woordspelletjes kunt oplossen en veel plezier beleeft aan het leren!

Uw feedback is essentieel. U kunt een actieve bijdrage leveren aan het succes van dit boek door een recensie achter te laten. Vertel ons wat u het meest beviel in deze editie!

Hier is een korte link die u naar uw bestelpagina brengt:

BestBooksActivity.com/Recensies50

Bedankt voor uw hulp en veel plezier met het spel!

Linguas Classics

1 - Metingen

К	И	Л	О	Г	Р	А	М	М	Я	Ш	Р	Ф	Г
Ш	И	Р	И	Н	А	Я	Т	Л	Ь	Н	Ж	Ц	Р
Т	Г	Л	Ю	Ц	Ю	Ы	Ы	П	В	Л	Х	Л	А
Ю	Л	И	О	Ц	Р	П	Б	К	М	Е	Т	Р	М
Х	У	Т	М	М	Д	Ю	Й	М	Ю	К	Ю	М	М
П	Б	Р	Е	И	Е	В	А	У	Н	Ц	И	Я	Ы
Ш	И	Ъ	Ц	Н	С	Т	О	Н	Н	А	Ч	К	Ы
В	Н	Д	А	У	Я	Ц	Р	О	Б	Ъ	Е	М	Х
Ы	А	Л	Н	Т	Т	В	Е	С	Ш	Ю	Х	М	П
С	Р	И	П	А	И	В	Ю	Х	Щ	С	В	А	И
О	Б	Н	А	Ф	Ч	П	Ч	Ю	О	Ь	Р	С	Н
Т	Ь	А	С	А	Н	Т	И	М	Е	Т	Р	С	Т
А	Ф	Щ	Й	Т	Ы	Ж	Ъ	Л	Н	С	Ы	А	А
Щ	Д	Ф	Ч	Т	Й	Т	Е	И	Т	Х	А	Ш	Г

ШИРИНА
БАЙТ
САНТИМЕТР
ДЕСЯТИЧНЫЙ
ГЛУБИНА
ВЕС
ГРАММ
ВЫСОТА
ДЮЙМ
КИЛОГРАММ

КИЛОМЕТР
ДЛИНА
ЛИТР
МАССА
МЕТР
МИНУТА
УНЦИЯ
ПИНТА
ТОННА
ОБЪЕМ

2 - Keuken

Ш	Ф	Ч	Л	М	Ф	Н	Е	Ф	Ь	В	Г	Х	Б
Н	Ь	А	А	Ш	Ъ	Т	Х	А	Д	Ф	Р	Р	Щ
М	А	Ш	Р	Й	У	М	Л	О	Ж	К	И	К	Е
А	М	К	К	Т	Н	О	Ж	И	А	Ф	Л	Ф	М
Е	Б	И	П	Л	У	И	Ч	А	Ш	А	Ь	Н	С
Г	М	Х	Г	Т	Ф	К	К	О	В	Ш	В	Ш	М
Х	О	Л	О	Д	И	Л	Ь	Н	И	К	И	Ф	О
С	А	Л	Ф	Е	Т	К	А	Ц	С	У	Л	Т	Р
П	Р	У	У	Х	Ф	Т	Ч	У	Х	В	К	В	О
С	И	Т	П	М	М	Щ	А	П	К	Ш	И	Г	З
Ж	Р	Е	Ц	Е	П	Т	Р	Я	Ы	И	Ы	У	И
Д	Ы	А	С	П	Е	Ц	И	И	Б	Н	Н	Б	Л
Ю	Я	Н	Т	С	Ч	Д	Т	Ы	О	Х	С	К	К
С	Г	Р	Ж	Е	Ь	Б	А	Н	К	А	М	А	А

ЧАШКИ
ГРИЛЬ
ЧАЙНИК
ХОЛОДИЛЬНИК
ЧАША
КУВШИН
ЛОЖКИ
НОЖИ
ПЕЧЬ
КОВШ

БАНКА
РЕЦЕПТ
ФАРТУК
САЛФЕТКА
СПЕЦИИ
ГУБКА
ЕДА
ВИЛКИ
МОРОЗИЛКА

3 - Boten

```
Х  Т  П  Л  О  Т  А  П  М  О  Р  Е  Н  Б
П  М  А  Ч  Т  А  Ц  Р  Е  К  А  Ц  Ь  Д
Ж  Р  Р  К  М  Д  В  И  Г  А  Т  Е  Л  Ь
И  О  О  У  А  Ы  В  Л  Т  У  Р  Х  С  Х
Б  К  М  Ш  Д  Н  И  И  Ж  Ш  Л  У  Г  У
Г  А  М  Н  Х  Д  О  В  Е  Р  Е  В  К  А
Ж  Я  К  О  Р  Ь  Ю  Э  И  Ш  О  Т  М  Н
Щ  К  О  Я  Ж  И  Ж  Ю  О  Ю  Д  Ъ  О  Ф
Б  М  О  Р  С  К  О  Й  У  Ц  О  Ю  Р  М
О  У  Т  У  В  О  К  Е  А  Н  К  А  Я  Ч
З  Е  Й  Я  Ы  О  Ъ  Ч  Р  Ж  В  С  К  Я
Е  Ф  Я  Я  Д  Б  Л  Э  К  И  П  А  Ж  Х
Р  И  У  У  М  Д  С  Н  К  Ф  Ь  Ж  А  Т
О  Р  Г  Ь  Я  И  Х  Ш  Ы  Н  П  Я  Т  А
```

ЯКОРЬ	ОЗЕРО
ЭКИПАЖ	ДВИГАТЕЛЬ
БУЙ	МОРСКОЙ
ДОК	ОКЕАН
ВОЛНЫ	РЕКА
ЯХТА	ПРИЛИВ
КАЯК	ВЕРЕВКА
КАНОЭ	ПАРОМ
МАЧТА	ПЛОТ
МОРЯК	МОРЕ

4 - Chocolade

```
К О К О С Н Ч В К Ь Ф Ю К И
Г С Л А Д К И Й А Ч К Ч А Н
Э Е Ч У Г О Р Ь К И Й Ы Л Г
К А Р А М Е Л Ь А Г В В О Р
З Н Ю Р К П О Р О Ш О К Р Е
О Щ Т А С Л Л В И У Ы У И Д
Т У П Н Р И Щ Щ В К У С И И
И А Н Т И О К С И Д А Н Т Е
Ч Ъ Л Ю Б И М Ы Й Ю О Ы Р Н
Е С А Х А Р Ъ А Ц Р Б Й Е Т
С М Ц Е Б П О В Т М Щ Ж Ц Ц
К О Н Ф Е Т Ы У М Я Ц Р Е Д
И Ь А Ш С Ы А Р А Х И С П Г
Й Ф К А Ч Е С Т В О И Х Т Б
```

АНТИОКСИДАНТ	КОКОС
АРОМАТ	КАЧЕСТВО
ГОРЬКИЙ	АРАХИС
КАКАО	ПОРОШОК
КАЛОРИИ	РЕЦЕПТ
ЭКЗОТИЧЕСКИЙ	ВКУС
ЛЮБИМЫЙ	КОНФЕТЫ
ВКУСНЫЙ	САХАР
ИНГРЕДИЕНТ	СЛАДКИЙ
КАРАМЕЛЬ	

5 - Tijd

Д	Г	С	М	Ь	Ж	С	Г	Я	С	М	С	Н	Ч
Е	Ж	Щ	Е	Ч	К	Х	П	О	Л	П	Е	Е	И
С	Ц	Т	С	Ц	Х	А	О	Ь	Д	Ш	Г	Д	Р
Я	Ы	М	Я	Ж	В	Б	Л	Д	Ш	Р	О	Е	Я
Т	В	Л	Ц	Х	Е	У	Д	Е	Ш	Р	Д	Л	Ж
И	Ч	Я	Ч	В	К	Д	Е	Ч	Н	И	Н	Я	В
Л	А	Е	Г	Ч	Ы	У	Н	А	Ь	Д	Я	Ъ	И
Е	С	М	Ь	Е	Ц	Щ	Ь	С	Ъ	Р	А	Н	О
Т	Ы	А	И	Р	С	Е	П	О	С	Л	Е	Р	Ь
И	Ъ	У	Х	А	Ы	Е	У	Т	Р	О	Г	А	Ь
Е	Е	Ж	Е	Г	О	Д	Н	Ы	Й	Д	Е	Н	Ь
С	Е	Й	Ч	А	С	Я	М	И	Н	У	Т	А	Ц
Ж	Х	Т	Н	О	Ч	Ь	Х	Т	Я	Б	Ы	К	В
В	Ю	У	Ш	Т	К	Ы	Ю	И	Ф	Л	Р	Ц	О

ДЕНЬ	МИНУТА
ДЕСЯТИЛЕТИЕ	ПОСЛЕ
ВЕК	НОЧЬ
ВЧЕРА	СЕЙЧАС
ГОД	УТРО
ЕЖЕГОДНЫЙ	БУДУЩЕЕ
КАЛЕНДАРЬ	ЧАС
ЧАСЫ	СЕГОДНЯ
МЕСЯЦ	РАНО
ПОЛДЕНЬ	НЕДЕЛЯ

6 - Meditatie

Я	П	М	Ы	С	Л	И	Т	Ь	М	П	П	Д	У
С	О	С	Т	Р	А	Д	А	Н	И	Е	Р	В	А
Н	З	Т	И	Ш	И	Н	А	Ф	Б	Р	И	И	Ъ
О	А	П	Р	И	Н	Я	Т	И	Е	С	Р	Ж	Е
С	Е	У	К	Б	Л	Г	Н	Ы	У	П	О	Е	Ъ
Т	С	Е	М	И	Р	Ъ	М	К	К	Е	Д	Н	В
Ь	И	Ч	С	К	Ю	Ц	П	Х	Ч	К	А	И	Н
М	У	З	Ы	К	А	С	Ч	А	С	Т	Ь	Е	И
Д	П	Ъ	Ш	Ш	Э	Ь	Я	Е	Р	И	Л	Ы	М
Ф	Д	Ц	Ь	Х	Я	М	Ы	Д	У	В	Ъ	Л	А
Д	О	Б	Р	О	Т	А	О	Ж	Е	А	П	Е	Н
Д	Ы	Х	А	Н	И	Е	Ъ	Ц	М	В	Т	Г	И
М	Ц	У	Т	Е	О	Ч	Е	Ж	И	Н	Д	И	Е
Н	А	Б	Л	Ю	Д	Е	Н	И	Е	И	Ь	Ш	А

ВНИМАНИЕ	СОСТРАДАНИЕ
ПРИНЯТИЕ	МУЗЫКА
ДЫХАНИЕ	ПРИРОДА
ДВИЖЕНИЕ	НАБЛЮДЕНИЕ
ЭМОЦИИ	ПЕРСПЕКТИВА
МЫСЛИ	ТИШИНА
СЧАСТЬЕ	МИР
ЯСНОСТЬ	ДОБРОТА
ПОЗА	

7 - Zomer

```
Я О Ш Д П Щ М Б Я В П Д М К
Р Ю О Р Л Р Н Щ Л Ш Щ О У Н
И Г Р Ы Я Ц М С П П Ь Р З И
Щ Ю Г Т Ж З В Е З Д Ы А Ы Г
О Ъ С Д О С У Г Х Ш Л Д К И
Я Р Е Л А К С А Ц И Я О А С
Ж Ь М Д Б Т Е О Т П У С К А
Н Н Ь Ы А Д О М М Е Р Т П Н
А Ы Я Ш Б Г Ъ Щ П Е Т Ь Л Д
Ф Ш Р К М О Р Е У И Ц Щ А А
Г Т У Я Щ Ч О Ю Г Ф Н М В Л
Т Л Ъ Е Н Д Р У З Ь Я Г А И
Ж Е Щ Д О И Ф Ю Г С А Д Т И
С Г А Л Н Ф Е Щ Ъ Ж М Н Ь О
```

КНИГИ   ПЛЯЖ
НЫРЯНИЕ   САД
СЕМЬЯ   ОТПУСК
ИГРЫ   ЕДА
ДОМ   РАДОСТЬ
КЕМПИНГ   ДРУЗЬЯ
МУЗЫКА   ДОСУГ
РЕЛАКСАЦИЯ   МОРЕ
САНДАЛИИ   ПЛАВАТЬ
ЗВЕЗДЫ

8 - Vogels

```
О Г П Т Ц Ш П О П У Г А Й С
К Ц Т Г Ъ Ю Н Я Е А Ы П Н Ю
О Л Ж Л Г Ч Ь Д Л А В Ф Я С
М В О Р О Б Е Й И К П Л Н В
В Ю А Г Л С Ы Ю К У И А И Р
С Т Р А У С Г Х А К Н М Г Н
А И С Т Б Ш У А Н У Г И Г К
К Г Я Ж Ь Ъ С Х А Ш В Н Я Ъ
У Ч А Й К А Ь Ц М К И Г И С
Р Т Р Ю Ц Ц Н Н Е А Н О Ь Ч
И У К Х К О В О Р О Н А Ъ Ш
Ц К Ы А Ц А П Л Я С О В А С
А А Л Е Б Е Д Ь Х К М А Ш Т
В Н П Ф Р В Т Р Ч Т Ш Я Ц Я
```

ГОЛУБЬ	АИСТ
УТКА	ПОПУГАЙ
ЯЙЦО	ПАВЛИН
ФЛАМИНГО	ПЕЛИКАН
ГУСЬ	ПИНГВИН
КУРИЦА	ЦАПЛЯ
КУКУШКА	СТРАУС
ВОРОНА	ТУКАН
ЧАЙКА	СОВА
ВОРОБЕЙ	ЛЕБЕДЬ

9 - Wiskunde

Р	С	П	Ь	Ы	У	И	П	Ъ	Д	У	Э	А	Ц
Г	Л	Л	Я	Ж	Г	Ь	Р	Ч	Е	Р	К	Р	П
Ж	С	О	С	С	Л	П	Я	О	С	А	С	И	Е
О	С	Щ	У	Ф	Ы	А	М	Т	Я	В	П	Ф	Р
Д	И	А	М	Е	Т	Р	О	Р	Т	Н	О	М	П
Ф	Ы	Д	М	Р	Д	А	У	Е	И	Е	Н	Е	Е
П	Р	Ь	А	А	Е	Л	Г	У	Ч	Н	Е	Т	Н
Е	П	А	Ф	Ы	Л	Л	О	Г	Н	И	Н	И	Д
Р	О	О	К	Ш	Е	Е	Л	О	Ы	Е	Т	К	И
И	Л	Б	Х	Ц	Н	Л	Ь	Л	Й	И	С	А	К
М	И	Ъ	Я	Л	И	Ь	Н	Ь	М	Х	П	В	У
Е	Г	Е	Ч	С	Е	Я	И	Н	Ш	Ф	Ы	Ш	Л
Т	О	М	Т	Ш	С	Ш	К	И	Р	С	Ш	Щ	Я
Р	Н	Ы	Ц	К	П	Ы	Ш	К	Т	Ф	Ш	В	Р

СФЕРА
ДЕСЯТИЧНЫЙ
ДИАМЕТР
ДЕЛЕНИЕ
ТРЕУГОЛЬНИК
ЭКСПОНЕНТ
ФРАКЦИЯ
УГЛЫ
ПЕРПЕНДИКУЛЯР

ПЕРИМЕТР
ПАРАЛЛЕЛЬ
ПРЯМОУГОЛЬНИК
АРИФМЕТИКА
СУММА
ПОЛИГОН
УРАВНЕНИЕ
ПЛОЩАДЬ
ОБЪЕМ

10 - Camping

```
И  С  Т  О  Р  И  И  О  Ы  Ж  Н  П  А  Ф
П  Р  И  К  Л  Ю  Ч  Е  Н  И  Е  Р  Н  О
Г  О  Р  А  К  А  Н  О  Э  В  У  И  А  Н
Г  Г  А  М  А  К  К  У  Т  О  И  Р  С  А
Л  О  А  И  Р  Д  Ш  П  Щ  Т  Н  О  Е  Р
Ф  Н  Б  И  Т  Е  Ч  Д  Д  Н  М  Д  К  Ь
П  Ь  У  И  А  Р  Р  О  У  Ы  Р  А  О  Н
Ь  А  Г  Щ  Ы  Е  Ш  М  С  Е  Ш  Т  М  Ш
Ж  Ж  Л  И  В  В  К  Г  Я  Е  Л  Щ  О  О
О  Я  У  А  Е  Ь  Ы  В  Х  Н  Я  Е  Е  Х
Ы  Ч  Н  Х  Т  Я  С  К  О  М  П  А  С  О
Ю  Я  А  Ъ  Ы  К  Н  Щ  Д  Г  А  Т  Ш  Т
Ц  О  З  Е  Р  О  А  Ю  Ш  Ю  Б  Е  Ы  А
М  Д  В  Е  Р  Е  В  К  А  О  М  А  С  А
```

ПРИКЛЮЧЕНИЕ	КАРТА
ГОРА	КАНОЭ
ДЕРЕВЬЯ	КОМПАС
ЛЕС	ФОНАРЬ
ОГОНЬ	ЛУНА
ЖИВОТНЫЕ	ОЗЕРО
ГАМАК	ПРИРОДА
ШЛЯПА	ПАЛАТКА
НАСЕКОМОЕ	ВЕРЕВКА
ОХОТА	ИСТОРИИ

11 - Activiteiten

```
Н  Л  Р  Е  М  Е  С  Л  А  И  Г  Р  Ы  Б
А  Ш  Ж  Ы  Г  Б  Х  Н  Д  О  С  У  Г  Р
В  У  Ь  К  Б  Ь  Щ  К  Е  М  П  И  Н  Г
Ы  Щ  Г  О  Ц  Н  З  Д  Я  В  Ц  П  Ь  И
К  И  Т  Х  Б  Ч  А  И  Т  А  Н  Ц  Ы  С
Щ  У  В  О  Х  Щ  Г  Я  Е  Ь  Т  Ч  Ж  К
Ъ  Ш  И  Т  Ь  Е  А  К  Л  Ь  У  Р  С  У
С  Я  У  А  Я  Ж  Д  А  Ь  О  Ы  Ш  О  С
М  А  Г  И  Я  Е  К  Р  Н  Ю  В  И  Ъ  С
Н  Ц  Л  Ц  Ь  Ф  И  Г  О  Ч  Ъ  Л  Н  Т
Т  Е  Я  Р  Е  Л  А  К  С  А  Ц  И  Я  В
Ч  Т  Е  Н  И  Е  Т  А  Т  Н  Ф  Щ  Е  О
Я  Ч  У  Д  О  В  О  Л  Ь  С  Т  В  И  Е
К  П  С  А  Д  О  В  О  Д  С  Т  В  О  Ц
```

ДЕЯТЕЛЬНОСТЬ	МАГИЯ
РЕМЕСЛА	ШИТЬЕ
ТАНЦЫ	РЕЛАКСАЦИЯ
ИГРЫ	УДОВОЛЬСТВИЕ
РЫБНАЯ ЛОВЛЯ	ЗАГАДКИ
ОХОТА	САДОВОДСТВО
КЕМПИНГ	НАВЫК
ИСКУССТВО	ДОСУГ
ЧТЕНИЕ	

12 - Vormen

```
Е П О Л И Г О Н Д К П Т Т В
Ж Щ П Л О Щ А Д Ь Р Р Б Р Ш
Х У С Ю Я Т И М Ц У Я Т Е Г
Ы Ц Т К Д М И Х Ы Г М Ж У И
П И Р А М И Д А Л Л О И Г П
Р Р С Т О Р О Н А Ы У О О Е
К В И Х Л И Н И Я Й Г Н Л Р
Р О П З А Ш З К У Б О Р Ь Б
У Ю Н К М Т П Г В У Л Я Н О
Г Г Д У Г А Ы Ш И М Ь Я И Л
А Р О Г С Ф Е Р А Б Н И К А
Ш Д Х О Н Е К Р А Я И М Ж Ц
О В А Л Ь Н Ы Й К Н К Е О С
Ю Е Ц И Л И Н Д Р Ф Ч Ц Ш О
```

СФЕРА	КУБ
ДУГА	ЛИНИЯ
ЦИЛИНДР	ОВАЛЬНЫЙ
КРУГ	ПИРАМИДА
ИЗГИБ	ПРИЗМА
ТРЕУГОЛЬНИК	КРАЯ
УГОЛ	ПРЯМОУГОЛЬНИК
ГИПЕРБОЛА	КРУГЛЫЙ
СТОРОНА	ПОЛИГОН
КОНУС	ПЛОЩАДЬ

13 - Astronomie

Р	И	З	Л	У	Ч	Е	Н	И	Е	З	Ь	А	Р
Л	А	С	Т	Е	Р	О	И	Д	Б	В	Х	С	А
О	Г	К	П	Ы	П	Б	С	Ф	Щ	Е	О	Т	В
С	Т	Б	Е	Ф	Ь	Л	М	Ъ	Ч	З	Б	Р	Н
К	О	М	Е	Т	А	Г	А	О	Т	Д	С	О	О
Ц	Т	З	Г	Х	А	М	Н	Н	М	А	Е	Н	Д
А	М	Н	В	З	Е	М	Л	Я	Е	Ъ	Р	А	Е
С	Т	Е	Л	Е	С	К	О	П	Т	Т	В	В	Н
Т	К	Н	Д	О	З	А	П	Ж	Е	К	А	Т	С
Р	О	К	Ъ	П	К	Д	Ч	Ъ	О	А	Т	Д	Т
О	С	Я	Б	Ч	Г	Ч	И	В	Р	Л	О	Д	В
Н	М	Ч	Ш	Я	Ц	Р	С	Е	Г	У	Р	Я	И
О	О	Л	О	И	С	С	П	У	Т	Н	И	К	Е
М	С	Б	В	С	Е	Л	Е	Н	Н	А	Я	Ю	Ч

ЗЕМЛЯ
АСТЕРОИД
АСТРОНАВТ
АСТРОНОМ
РАВНОДЕНСТВИЕ
КОМЕТА
КОСМОС
ЛУНА
МЕТЕОР

ОБСЕРВАТОРИЯ
ПЛАНЕТА
РАКЕТА
СПУТНИК
ЗВЕЗДА
СОЗВЕЗДИЕ
ИЗЛУЧЕНИЕ
ТЕЛЕСКОП
ВСЕЛЕННАЯ

14 - Emoties

С	Р	А	С	С	Л	А	Б	Л	Е	Н	Н	Ы	Й
С	И	С	О	Д	Е	Р	Ж	А	Н	И	Е	Д	Р
П	Ь	М	С	М	У	Щ	Е	Н	Н	Ы	Й	О	О
О	А	Б	П	С	К	Ю	И	Ь	Ы	К	О	Б	Б
К	Р	Л	Ф	А	К	П	Е	Ч	А	Л	Ь	Р	Л
О	Д	А	Ш	М	Т	У	Е	Н	Ъ	П	В	О	Е
Й	Л	Г	Х	Ч	Г	И	К	М	О	Ж	И	Т	Г
Н	Ю	О	П	Б	Д	П	Я	А	Я	М	М	А	Ч
Ы	Б	Д	С	П	О	К	О	Й	С	Т	В	И	Е
Й	О	А	Т	М	В	Р	А	Д	О	С	Т	Ь	Н
Т	В	Р	Р	И	О	С	Ю	Р	П	Р	И	З	И
П	Ь	Н	А	Р	Л	Ж	Г	Н	Е	В	Б	О	Е
Ь	П	Ы	Х	Х	Е	Н	Е	Ж	Н	О	С	Т	Ь
Р	Р	Й	Ч	А	Н	Ж	У	М	Ф	Х	С	Д	Ю

STRAH СТРАХ
СМУЩЕННЫЙ
БЛАГОДАРНЫЙ
ПЕЧАЛЬ
СОДЕРЖАНИЕ
СПОКОЙНЫЙ
ЛЮБОВЬ
РАССЛАБЛЕННЫЙ
ОБЛЕГЧЕНИЕ
СПОКОЙСТВИЕ

СИМПАТИЯ
НЕЖНОСТЬ
ДОВОЛЕН
СЮРПРИЗ
СКУКА
МИР
РАДОСТЬ
ДОБРОТА
ГНЕВ

15 - Vakantie #2

```
П А Ы К Е М П И Н Г У У Ы Ю
П Л Я Ж А Э Р О П О Р Т Ю М
А П И Щ Т Р П А Л А Т К А И
С Ч Н К Ь К Т Я К Ч Ж У Ъ Н
П И Н О С Т Р А Н Н Ы Й Г О
О Е О Т М Ю А П П М Ы Ц П С
Р О Я Е Ч Ц Н Р Д Г Г И Я Т
Т Е Ю Л С Р С А П О Е З Д Р
А Ш С Ь Б Ч П З Е С С О Р А
К Ч В Т Х Д О Д Т Т Ы У Х Н
С Ы И С О Ш Р Н М Р Ц Д Г Е
И Щ З Д Ж Р Т И П О Ш Ы Л Ц
И Ы А Ч Б Ю А К Х В М О Р Е
Ч Г Г У П П К Н В Ф А Ф Р С
```

ИНОСТРАНЕЦ	ПЛЯЖ
ИНОСТРАННЫЙ	ТАКСИ
ОСТРОВ	ПАЛАТКА
ОТЕЛЬ	ПОЕЗД
КАРТА	ПРАЗДНИК
КЕМПИНГ	ТРАНСПОРТ
АЭРОПОРТ	ВИЗА
ПАСПОРТ	ДОСУГ
РЕСТОРАН	МОРЕ

16 - Weersomstandigheden

```
Ы М Н Б Д Ь Д Р Н Ш У Б Г Н
Б Ж Н Н П Ю С А Я Ь Р У Ъ Н
В Ю Щ В А Е Ф Д Ь С Ж Р Л Х
Н Е Б О Л Б Т У М А Н Я Л К
П О Т К Е А М Г М К Ш О Ш А
О Б Ч Е Д Ъ Ж А К Л И М А Т
Л Л Ц Р Р У М Н О П Г У К М
Я А Ф П Ю Р Д О Ы Я Р С П О
Р К Д Ш Я А Ш Ъ Л Й О С П С
Н О Р Г Б Г Е Ч Ь Н М О Я Ф
Ы Ю Е Р Ю А У А О С И Н К Е
Й Ю П Ъ Ж Н Г Ч Г И О Я У Р
Т О Р Н А Д О Р З А С У Х А
Н А В О Д Н Е Н И Е У С Ы С
```

АТМОСФЕРА	УРАГАН
МОЛНИЯ	НАВОДНЕНИЕ
ГРОМ	ПОЛЯРНЫЙ
ЗАСУХА	РАДУГА
НЕБО	БУРЯ
ЛЕД	ТОРНАДО
КЛИМАТ	ВЛАЖНЫЙ
ТУМАН	ВЕТЕР
МУССОН	ОБЛАКО

17 - Strand

О	С	Т	Р	О	В	Г	Р	О	Е	Т	Ч	С	Ж
Т	Г	Ъ	И	Ф	П	Л	А	В	А	Т	Ь	А	Б
П	Ш	М	Ф	М	У	О	К	Ч	Ч	П	Д	Н	Р
У	Б	К	Ж	И	А	Я	Б	Щ	Я	П	Р	Д	Р
С	О	Л	Н	Ц	Е	Ч	П	Е	Ю	М	Ю	А	Ь
К	Г	П	Щ	Г	Л	П	Е	А	Р	В	М	Л	М
З	Л	О	Д	К	А	А	С	Ы	Х	Е	В	И	А
Ь	О	Щ	Ы	П	Г	Ж	О	Ь	Г	Ы	Ж	И	Ы
С	И	Н	И	Й	У	Х	К	Ф	М	Ц	С	Ь	Я
Ж	И	Ъ	Т	Ж	Н	Л	П	А	Г	Р	Т	Л	Е
К	В	Г	Я	И	А	Ъ	Г	О	К	Е	А	Н	Л
П	Р	Ю	К	Д	К	Ц	С	Р	Ц	У	Ш	Ч	Х
Л	Б	А	П	О	Л	О	Т	Е	Н	Ц	Е	Д	Ю
М	О	Р	Б	К	М	О	Р	Е	Я	Ы	Ъ	Р	Я

СИНИЙ
ЛОДКА
ДОК
ОСТРОВ
ПОЛОТЕНЦЕ
КРАБ
ПОБЕРЕЖЬЕ
ЛАГУНА
ОКЕАН

ЗОНТИК
РИФ
САНДАЛИИ
ОТПУСК
ПЕСОК
МОРЕ
СОЛНЦЕ
ПЛАВАТЬ

18 - Eten #2

```
Г  П  Е  Р  С  И  К  Я  Щ  И  Ц  Т  М  Ю
Г  О  Ю  Ч  Ы  Ь  С  Б  Й  Х  А  Ь  В  М
Б  М  И  Ю  Р  Л  П  Л  Щ  Ц  И  Ц  Е  И
А  И  К  Р  Е  Ч  Я  О  Л  У  О  Х  Т  Н
Н  Д  К  Ь  Ы  Ь  Р  К  Ъ  Ч  Х  Р  Ч  Д
А  О  У  Б  П  Б  Р  О  К  К  О  Л  И  А
Н  Р  Р  Ы  У  Б  А  Н  А  Н  Т  Ы  Н  Л
А  Д  И  И  Р  К  П  Ш  Е  Н  И  Ц  А  Ь
С  М  Ц  Ш  С  В  И  Н  О  Г  Р  А  Д  Х
С  П  А  Р  Ж  А  Ж  Д  В  К  И  В  И  Л
Б  А  К  Л  А  Ж  А  Н  Ж  Ъ  Л  Б  Е  Е
П  Й  О  Г  У  Р  Т  Т  Р  О  С  Х  У  Б
Т  Ш  Д  У  Х  Б  И  Т  Ж  Р  Р  В  Ж  Ж
Р  Х  Ш  Р  М  К  Ш  Т  П  Ь  М  М  Ж  П
```

МИНДАЛЬ	ВЕТЧИНА
АНАНАС	СЫР
ЯБЛОКО	КУРИЦА
СПАРЖА	КИВИ
БАКЛАЖАН	ПЕРСИК
БАНАН	РИС
БРОККОЛИ	ПШЕНИЦА
ХЛЕБ	ПОМИДОР
ВИНОГРАД	РЫБА
ЯЙЦО	ЙОГУРТ

19 - Klimmen

Е	Л	Б	Б	О	И	Х	Ц	Р	Ы	Н	Н	Ф	П
Н	Р	Ю	П	Т	Б	Б	Р	И	Е	Д	А	И	Р
Ю	Ч	Ц	Б	А	Р	У	З	К	И	Й	Т	З	О
П	Л	Н	Т	О	Я	А	Ч	Ч	Я	Ф	М	И	Б
Е	А	Т	Б	Н	П	В	В	Е	А	А	О	Ч	Л
Щ	Я	О	Х	Ц	С	Ы	О	М	Н	И	С	Е	Е
Е	Б	С	К	Ц	Ц	С	Т	Ъ	А	И	Ф	С	М
Р	Т	Л	В	Щ	К	О	Э	С	К	Ъ	Е	К	Ы
А	П	Е	Р	Ч	А	Т	К	И	Т	Ш	Р	И	Р
Г	И	С	В	Ш	Р	А	С	Л	Г	В	А	Й	Х
У	Т	Ц	К	Ч	Т	Л	П	А	И	Л	О	С	Ш
И	Ы	Ы	Т	Ф	А	Ф	Е	Ю	Ц	Р	Ч	Щ	Л
Б	О	Т	И	Н	К	И	Р	В	Ф	Ь	К	Н	Е
Х	Щ	Ы	Ф	Г	Ч	Ц	Т	Ж	В	Ю	Ь	У	М

АТМОСФЕРА
ЭКСПЕРТ
ФИЗИЧЕСКИЙ
ПЕЩЕРА
ПЕРЧАТКИ
ШЛЕМ
ВЫСОТА
КАРТА

СИЛА
БОТИНКИ
ТРАВМА
ЛЮБОПЫТСТВО
ОБУЧЕНИЕ
УЗКИЙ
ПРОБЛЕМЫ

20 - Restaurant #1

```
Б Д О Ш Т Б К Ъ Ы Ц М В К К
Р П Я Ь Ы П У Л Щ Б Я У Е У
О У Е Ф А Р Р Н И Ъ Щ И А Х
Н Д Ц Х Ш Я И М О А Ц К Л Н
И Ж Д Ж Д Н Ц Я Щ Ж Ю Е Л Я
Р Ъ В Л Ы Ы А С В О Д Ф Е С
О К О Ф Е Й С О У С И Ч Р Б
В Щ О Ф И Ц И А Н Т К А Г С
А Н Ф Б Н Д Б Х Л Е Б Ш И Л
Н К К А С С И Р Я Ф Р А Я В
И Ц Ы С М Щ Ж Е Х М Е Н Ю Т
Е Д А Ш Е Ь Д Е С Е Р Т К Ж
И Н Г Р Е Д И Е Н Т Ы С К Ш
И Ь С М Я Р С Я Щ П Ы Д К А
```

АЛЛЕРГИЯ	НОЖ
ХЛЕБ	ПРЯНЫЙ
ИНГРЕДИЕНТЫ	БРОНИРОВАНИЕ
КАССИР	СОУС
КУХНЯ	ОФИЦИАНТКА
КУРИЦА	САЛФЕТКА
КОФЕ	ДЕСЕРТ
ЧАША	МЯСО
МЕНЮ	ЕДА

21 - Geologie

Л	И	С	К	О	П	А	Е	М	О	Е	Ъ	Щ	Х
С	А	Э	Р	О	З	И	Я	М	Ш	А	К	К	У
Т	Ю	В	Д	В	Н	Х	Е	Н	Ь	О	И	Р	Ш
А	Ю	А	А	О	Л	Т	Р	Е	К	Ж	С	И	Т
Л	К	О	Р	А	Л	Л	И	О	Ц	В	Л	С	А
А	В	Ж	Р	Г	Щ	Я	В	Н	Ъ	Щ	О	Т	Ч
К	А	П	Щ	Т	Н	С	У	Х	Е	Д	Т	А	Н
Т	Р	Ч	Л	В	Ч	О	Л	Ц	Ж	Н	А	Л	К
И	Ц	О	И	А	Х	Л	К	С	Е	Н	Т	Л	А
Т	А	Я	Ю	Ы	Т	Ь	А	Л	Ъ	О	И	Ы	М
Г	Е	Й	З	Е	Р	О	Н	О	З	Щ	Я	П	Е
К	А	Л	Ь	Ц	И	Й	Н	Й	О	Л	К	Я	Н
П	Е	Щ	Е	Р	А	Л	Н	С	Н	Ф	Ъ	П	Ь
Е	П	Р	Ж	Г	Т	О	Ш	У	А	П	Я	Д	Г

KAЛЬЦИЙ   СЛОЙ
КОНТИНЕНТ   ЛАВА
ЭРОЗИЯ   ПЛАТО
ИСКОПАЕМОЕ   СТАЛАКТИТ
ГЕЙЗЕР   КАМЕНЬ
ПЕЩЕРА   ВУЛКАН
КОРАЛЛ   ЗОНА
КРИСТАЛЛЫ   СОЛЬ
КВАРЦ   КИСЛОТА

22 - Specerijen

К	Ш	О	У	Т	П	Ф	Ь	П	Ч	А	Г	Т	Г
П	А	К	А	П	Е	А	Б	А	Е	Н	В	Я	О
А	Ф	Р	П	В	Р	Ю	Е	П	С	И	О	Ц	Р
Ж	Р	Е	Р	Д	Е	Щ	Щ	Р	Н	С	З	Ч	Ь
И	А	Н	Н	И	Ц	Х	Т	И	О	Ь	Д	Ш	К
Т	Н	Ш	К	Х	С	У	Е	К	Ь	И	Р	И	И
Н	Ф	В	О	П	Е	Л	Ч	А	Л	У	К	К	Й
И	В	Г	Р	Б	Т	Л	А	Л	Х	И	А	О	К
К	Т	М	И	Н	Ц	Е	Ь	Д	А	М	В	Р	Ф
Я	В	Ы	Ц	Р	Н	Г	Д	Б	К	Б	Д	И	Щ
Д	В	В	А	Н	И	Л	Ь	А	И	И	Ц	А	Г
В	К	У	С	Ь	Щ	Ж	П	Ъ	Х	Р	Й	Н	Н
К	А	Р	Д	А	М	О	Н	Ц	Щ	Ь	Ю	Д	Х
Л	Р	В	У	Ы	С	О	Л	Ь	А	Ч	Б	Р	Я

АНИС	ГВОЗДИКА
ГОРЬКИЙ	ПАПРИКА
ПАЖИТНИК	ПЕРЕЦ
ИМБИРЬ	ШАФРАН
КОРИЦА	ВКУС
КАРДАМОН	ЛУК
КАРРИ	ВАНИЛЬ
ЧЕСНОК	ФЕНХЕЛЬ
ТМИН	СЛАДКИЙ
КОРИАНДР	СОЛЬ

23 - Groenten

```
А  Н  С  Г  Е  Б  Г  Л  Ц  Л  У  Ж  М  Г
Л  Ш  А  О  Ж  А  Я  Р  Е  Д  И  С  У  Ц
О  Ф  Х  Д  У  К  М  Е  И  Щ  У  Ш  Ь  Ш
Е  А  А  Е  Ш  Л  Ш  П  Е  Б  М  Я  Щ  Н
С  К  И  Б  К  А  П  А  Р  Т  И  Ш  О  К
В  С  Ч  Р  А  Ж  И  О  Г  У  Р  Е  Ц  И
Ш  А  Л  О  Т  А  Н  Л  М  О  Ц  И  Л  М
Т  Л  У  К  Ш  Н  А  И  Ч  И  Р  Б  Н  Б
Ы  А  К  К  А  Б  Т  В  Е  Г  Д  О  С  И
К  Т  У  О  Ш  Ь  Ф  К  С  И  Ц  О  Х  Р
В  Я  С  Л  Щ  В  В  А  Н  Ж  Н  Г  Р  Ь
А  Д  Х  И  М  Ъ  Р  М  О  Р  К  О  В  Ь
П  Е  Т  Р  У  Ш  К  А  К  К  Ш  Е  А  Г
С  Е  Л  Ь  Д  Е  Р  Е  Й  Л  О  Д  Ъ  И
```

АРТИШОК	ТЫКВА
БАКЛАЖАН	РЕПА
БРОККОЛИ	РЕДИС
ГОРОХ	САЛАТ
ИМБИРЬ	СЕЛЬДЕРЕЙ
ЧЕСНОК	ШАЛОТ
ОГУРЕЦ	ШПИНАТ
ОЛИВКА	ПОМИДОР
ГРИБ	ЛУК
ПЕТРУШКА	МОРКОВЬ

24 - Dans

У	Т	О	М	Е	Б	У	П	О	З	А	Ъ	Н	К
М	И	Щ	Д	Я	А	К	А	Д	Е	М	И	Я	Л
У	Щ	С	Х	Ь	Ч	Г	Р	А	Ц	И	Я	Е	А
З	О	Х	К	У	Л	Ь	Т	У	Р	А	Д	Б	С
Ы	Ь	Ь	А	М	Ф	И	Н	Т	Е	Л	О	У	С
К	Л	П	И	Р	Е	П	Е	Т	И	Ц	И	Я	И
А	К	У	Л	Ь	Т	У	Р	Н	Ы	Й	Д	В	Ч
Е	Ц	Э	Д	Ц	Т	Р	К	Ч	Я	Б	В	Ь	Е
Н	С	М	К	Я	И	Ы	С	С	Г	Ф	И	У	С
Г	Е	О	Ь	Р	С	Ю	Р	Г	С	Р	Ж	Ы	К
И	Ч	Ц	Ш	Х	Б	Х	А	Щ	Ю	Щ	Е	Ъ	И
Д	Р	И	Т	М	Р	А	Д	О	С	Т	Н	Ы	Й
Щ	Н	Я	Д	Х	Д	Л	Ф	Я	Щ	Ж	И	К	Т
И	С	К	У	С	С	Т	В	О	Щ	М	Е	Ц	О

АКАДЕМИЯ   КЛАССИЧЕСКИЙ
ДВИЖЕНИЕ   ИСКУССТВО
РАДОСТНЫЙ   ТЕЛО
КУЛЬТУРНЫЙ   МУЗЫКА
КУЛЬТУРА   ПАРТНЕР
ЭМОЦИЯ   РЕПЕТИЦИЯ
ГРАЦИЯ   РИТМ
ПОЗА

25 - Sport

О	Т	П	Ь	П	В	В	Т	Ы	М	Т	Ъ	Д	Ъ
Т	Ч	О	Г	Н	С	Е	Ш	А	Ц	Ш	Щ	Е	Ж
Т	Р	Б	И	Ц	У	Л	К	О	М	А	Н	Д	А
Е	Г	Е	М	С	Д	О	Н	Ю	Х	И	И	Ъ	У
Н	И	Д	Н	Б	Ь	С	Е	Е	Р	Е	Ф	С	П
Н	М	И	А	Е	Я	И	Г	Р	А	Я	А	П	Л
И	Н	Т	С	Й	Р	П	С	Т	А	Д	И	О	Н
С	А	Е	Т	С	Ы	Е	Ь	Р	Я	Ь	Г	Р	П
Г	З	Л	И	Б	Г	Д	М	Ш	Д	И	Р	Т	Л
Н	И	Ь	К	О	Р	Г	Ц	Х	Ы	В	О	С	А
Ф	Я	Ъ	А	Л	А	Ч	О	В	Ь	М	К	М	В
Д	В	И	Ж	Е	Н	И	Е	Л	П	Ю	Ъ	Е	А
Ч	Е	М	П	И	О	Н	А	Т	Ь	И	Ф	Н	Т
Х	О	К	К	Е	Й	М	С	П	Е	Ф	Р	К	Ь

СПОРТСМЕН   СУДЬЯ
ДВИЖЕНИЕ   ИГРА
ВЕЛОСИПЕД   ИГРОК
ГОЛЬФ   СТАДИОН
ГИМНАЗИЯ   КОМАНДА
ГИМНАСТИКА   ТЕННИС
ХОККЕЙ   ТРЕНЕР
БЕЙСБОЛ   ПОБЕДИТЕЛЬ
ЧЕМПИОНАТ   ПЛАВАТЬ

26 - Mythologie

```
К П М Щ Ы М Б С Б Ч Т К Щ А
Л У О Н Ф К Е П С И Л А О Р
А С Л В Ч Ц С М О Н С Т Р Х
Б М Н Ь Е У С Л З Е У А Т Е
И Е И Л Т Д М Е Д Б Щ С Р Т
Р Р Я Е М У Е М А Е Е Т Е И
И Т А Г Е Ш Р Н Н С С Р В П
Н Н Ф Е С Ж Т А И А Т О Н Д
Т Ы Н Н Т Л И Т Е Е В Ф О Е
В Й М Д Ь Ы Е Г Р Ш О А С Г
Щ О У А У Ф Ы Е Т И Щ Т Т Ш
Х Б И Г Р О М Р Г Ч О У Ь К
П Ш Д Н Х О У О Ц С И Ш Д Ю
Г Е Р О И Н Я Й Ч Н Ж Ш Х Ю
```

АРХЕТИП	РЕВНОСТЬ
МОЛНИЯ	СИЛА
СОЗДАНИЕ	ВОИН
КУЛЬТУРА	ЛЕГЕНДА
ГРОМ	МОНСТР
ЛАБИРИНТ	БЕССМЕРТИЕ
ПОВЕДЕНИЕ	КАТАСТРОФА
ГЕРОЙ	СМЕРТНЫЙ
ГЕРОИНЯ	СУЩЕСТВО
НЕБЕСА	МЕСТЬ

27 - Vakantie #1

```
Щ Т В А Т Т Р А М В А Й М Э
Р Е Л А К С А Ц И Я К С А К
Ф Т У Я Л А К М Н С С Ъ Р С
П Ъ Ю И Ю М М И О Е Ъ Х Ш П
Д А Ж Я Ч О У Щ Ф Ж П У Р Е
А Р В В Е Л Ь З Х Н Н Ь У Д
Ц Ю П Т М Е Щ Щ Е Ю Н Я Т И
Е К Л У О Т К Ж И Й С Н Я Ц
О З А Р Д М Г Ц Б И Л Е Т И
З А В И А В О З О Н Т И К Я
Е К А С Н Д Х Б В А Л Ю Т А
Р Н Т Т Г Л Р О И Е Е Ж О У
О Ы Ь У Б Я Н Л Ж Л К А Ъ Г
Н Ъ Б Ъ Ы А Ф Ф М Ф Ь Е Г Ю
```

АВТОМОБИЛЬ	ЗОНТИК
ТАМОЖНЯ	МАРШРУТ
ЭКСПЕДИЦИЯ	РЮКЗАК
БИЛЕТ	ТУРИСТ
ЧЕМОДАН	ТРАМВАЙ
ОЗЕРО	ВАЛЮТА
МУЗЕЙ	САМОЛЕТ
РЕЛАКСАЦИЯ	ПЛАВАТЬ

28 - Eten #1

В	Ь	Б	Ж	Ч	Ш	Т	У	Н	Е	Ц	А	О	Я
Е	Я	Б	А	З	И	Л	И	К	Г	У	Б	Р	Ч
Г	Ч	Ч	Л	Я	Т	Ю	И	О	Ь	С	Р	О	М
С	Ж	Е	Ы	Б	Ь	Р	А	Р	А	Х	И	С	Е
О	М	С	М	О	Р	К	О	В	Ь	У	К	А	Н
К	О	Н	Г	Я	П	Т	Ц	С	Г	Ю	О	Х	Ь
Ж	Л	О	Р	Х	С	К	Н	Ы	Ю	К	С	А	С
Е	О	К	У	Б	У	О	Ц	Д	Ч	Л	Я	Р	Ъ
Щ	К	Г	Ш	Б	Л	Р	О	Р	М	У	Ю	Ф	Н
О	О	С	А	Р	У	И	С	С	Ш	Б	К	Ь	Н
Д	Ъ	М	О	К	Ч	Ц	Л	У	К	Н	К	А	Ъ
Л	В	Р	Н	Л	Ц	А	У	Ш	П	И	Н	А	Т
Л	И	М	О	Н	Ь	Т	Р	Ж	Ю	К	Г	П	Е
Щ	Р	Ч	С	А	Л	А	Т	Щ	Д	А	М	П	Ц

КЛУБНИКА
АБРИКОС
БАЗИЛИК
ЛИМОН
ЯЧМЕНЬ
КОРИЦА
ЧЕСНОК
МОЛОКО
ГРУША
АРАХИС

САЛАТ
СОК
СУП
ШПИНАТ
САХАР
ТУНЕЦ
ЛУК
МЯСО
МОРКОВЬ
СОЛЬ

29 - Avontuur

```
К  С  Ч  П  У  Ь  Т  М  Ч  Э  Р  И  У  Л
П  Р  Б  Е  З  О  П  А  С  Н  О  С  Т  Ь
Э  Р  А  Р  Б  Ъ  О  Ч  Н  Т  П  Х  П  Д
К  А  И  С  Щ  Т  О  Т  Е  У  Р  Р  О  Р
С  Д  В  Р  О  С  В  Р  О  З  О  А  Д  У
К  О  Н  П  О  Т  И  У  Б  И  Б  Б  Г  З
У  С  Ц  С  П  Д  А  Д  Ы  А  Л  Р  О  Ь
Р  Т  Л  Ж  А  Н  А  Н  Ч  З  Е  О  Т  Я
С  Ь  Г  С  С  Л  Б  О  Н  М  М  С  О  М
И  Ц  К  Щ  Н  Е  Д  С  Ы  Н  Ы  Т  В  Ы
Я  Б  Н  Г  Ы  Ж  К  Т  Й  О  Ш  Ь  К  Ц
А  Ж  Л  Ю  Й  А  Н  Ь  М  В  Ъ  А  А  Ь
Н  А  В  И  Г  А  Ц  И  Я  Ы  Ь  М  Н  У
М  А  Р  Ш  Р  У  Т  Ц  Я  Й  У  У  Ь  С
```

ЭНТУЗИАЗМ
ЭКСКУРСИЯ
ОПАСНЫЙ
ШАНС
ХРАБРОСТЬ
ТРУДНОСТЬ
ПРИРОДА
НАВИГАЦИЯ
НОВЫЙ

НЕОБЫЧНЫЙ
МАРШРУТ
КРАСОТА
ПРОБЛЕМЫ
БЕЗОПАСНОСТЬ
ПОДГОТОВКА
РАДОСТЬ
ДРУЗЬЯ

30 - Circus

О	З	Г	П	Г	Ш	Р	К	О	С	Т	Ю	М	М
К	Б	Р	Г	Ю	А	Л	П	Б	Х	С	Б	Ж	А
Щ	И	Е	И	Ю	Л	Я	А	М	П	К	И	И	Г
А	Д	У	З	Т	И	Г	Р	А	Ъ	И	Л	В	И
Л	Т	Н	Ю	Ь	Е	П	А	Н	Л	П	Е	О	Я
Д	О	О	И	Ш	Я	Л	Д	Ы	Х	Е	Т	Т	У
М	У	З	Ы	К	А	Н	Ь	В	М	П	В	Н	Д
С	Х	О	Я	Л	К	Ж	А	А	В	О	К	Ы	Щ
И	Б	Ч	И	О	Р	О	Ш	Т	Е	К	О	Е	М
Ж	О	Г	Е	У	О	Н	У	Ь	П	А	Н	Д	А
Ц	П	Т	Р	Н	Б	Г	А	Т	Л	З	Ф	А	Г
Е	Р	Ш	Т	П	А	Л	А	Т	К	А	Е	И	У
М	Д	Ш	У	Б	Т	Е	К	Г	У	Т	Т	Г	М
С	Л	О	Н	А	Ш	Р	К	Ь	Ъ	Ь	Ы	Х	П

ОБЕЗЬЯНА
АКРОБАТ
КЛОУН
ЖИВОТНЫЕ
МАГ
ЖОНГЛЕР
БИЛЕТ
КОСТЮМ
ПОКАЗАТЬ
ЛЕВ

МАГИЯ
МУЗЫКА
СЛОН
ПАРАД
КОНФЕТЫ
ПАЛАТКА
ТИГР
ЗРИТЕЛЬ
ОБМАНЫВАТЬ

31 - Restaurant #2

Б	В	Е	Г	Л	О	В	Л	С	Ф	С	К	Ы	З
О	П	Н	С	Ы	В	О	А	О	Р	А	У	С	А
Я	Й	Ц	А	Х	О	М	П	Л	У	Н	И	П	К
В	Б	Н	Л	П	Щ	Л	Ш	Ь	К	П	Г	Е	У
Н	Щ	Ы	А	Б	И	Щ	А	С	Т	У	Л	Ц	С
Р	Ю	Ч	Т	Ж	Ш	Т	В	О	Д	А	Л	И	К
Ы	Т	О	Р	Т	О	М	О	Б	Е	Д	О	И	А
Б	Т	Х	К	Х	Ы	Ж	Д	К	У	К	Я	Е	Л
А	Л	Д	У	Ю	Ш	Щ	Ы	Л	О	Н	Ф	А	Е
В	К	У	С	Н	Ы	Й	В	Ц	Е	П	Ш	М	Д
Ы	Ч	Я	О	П	Я	О	Ф	И	Ц	И	А	Н	Т
Л	О	Ж	К	А	Я	В	М	Ф	Л	Б	М	П	Ш
Ч	Ф	Р	А	Ю	Л	Ъ	Я	Х	Ц	К	Я	Т	Е
О	О	У	У	Н	Я	Б	Л	Г	Д	Х	А	У	Щ

TORT ОФИЦИАНТ
ОБЕД САЛАТ
НАПИТОК СУП
ЯЙЦА СПЕЦИИ
ФРУКТ СТУЛ
ОВОЩИ РЫБА
ВКУСНЫЙ ЗАКУСКА
ЛЕД ВИЛКА
ЛОЖКА ВОДА
ЛАПША СОЛЬ

32 - Bijen

Р	О	Й	Ф	О	П	Ы	Л	И	Т	Е	Л	Ь	В
Н	А	С	Е	К	О	М	О	Е	М	Е	Д	Е	Ы
Р	А	З	Н	О	О	Б	Р	А	З	И	Е	Ц	Г
Ц	П	Д	Ф	П	К	П	Д	Ц	С	У	Щ	В	О
Ш	Ц	Щ	Ц	Х	Р	И	Ы	И	Л	Ь	Б	Е	Д
Ю	В	Е	Ы	Б	А	С	О	Л	Н	Ц	Е	Т	Н
Щ	Г	У	В	О	С	К	С	У	Ь	О	Л	Е	Ы
Ж	Ч	Т	Б	Т	Т	Ч	Щ	Ц	Ш	Ц	Ю	Н	Й
К	О	Р	О	Л	Е	В	А	В	Н	И	А	И	Ю
Ъ	Ф	Х	Ш	И	Н	Р	Н	Е	Е	Б	И	Е	В
Ф	Р	У	К	Т	И	Ш	Ъ	Т	О	Х	М	Ц	Ж
К	Р	Ы	Л	Ь	Я	С	Д	Ы	Ъ	Ш	Ц	У	Е
Е	Д	А	И	Е	Л	К	А	Р	Н	А	Ш	В	О
Л	Б	Х	Л	У	Й	К	У	Д	Ы	М	Р	Ь	Р

ОПЫЛИТЕЛЬ   ДЫМ
УЛЕЙ   ПЫЛЬЦА
ЦВЕТЫ   САД
ЦВЕТЕНИЕ   КРЫЛЬЯ
РАЗНООБРАЗИЕ   ЕДА
ФРУКТ   ВЫГОДНЫЙ
МЕД   ВОСК
НАСЕКОМОЕ   СОЛНЦЕ
КОРОЛЕВА   РОЙ
РАСТЕНИЯ

33 - School #1

Ю	Ш	Б	У	М	А	Г	А	Ц	Т	К	О	Б	М
Л	П	П	Ч	Щ	Ш	Л	Г	П	О	Н	Т	И	А
В	Ц	Е	И	О	И	О	Ф	Ч	А	И	В	Б	Р
Л	В	С	Т	У	Л	Д	Л	А	К	Г	Е	Л	К
Я	Г	Т	Е	Н	Ч	Ц	Р	И	В	И	Т	И	Е
О	П	Ф	Л	Л	Р	А	А	У	К	И	Ы	О	Р
К	Б	Л	Ь	Ц	Л	Х	Р	Ц	З	К	Т	Т	Ы
Ш	К	Е	К	Я	Р	Ф	У	И	Ч	Ь	П	Е	Ц
Н	Р	О	Д	Д	В	О	Ч	Ь	Е	Л	Я	К	Е
П	А	П	К	И	Д	П	К	Р	Д	Ц	Х	А	С
Т	В	И	К	Т	О	Р	И	Н	А	Ю	Ш	Ю	Т
Э	К	З	А	М	Е	Н	Ы	Ч	И	С	Л	А	О
Ъ	Ю	Ы	К	А	Р	А	Н	Д	А	Ш	Ъ	П	Л
Л	Ж	В	Е	С	Е	Л	Ь	Е	Т	М	У	Ъ	Р

АЛФАВИТ	ПАПКИ
ОТВЕТЫ	МАРКЕРЫ
БИБЛИОТЕКА	БУМАГА
КНИГИ	РУЧКИ
СТОЛ	ВЕСЕЛЬЕ
ЧИСЛА	КАРАНДАШ
ЭКЗАМЕНЫ	ВИКТОРИНА
УЧИТЕЛЬ	СТУЛ
ОБЕД	ДРУЗЬЯ

34 - Wandelen

```
У  К  Л  И  М  А  Т  С  К  К  Н  Ю  П  Г
С  П  Р  Т  Ь  Ъ  Ъ  Ю  А  А  Л  К  А  О
Т  О  Х  У  Ъ  П  Х  П  Р  М  Б  Е  С  Р
А  Д  И  К  И  Й  Р  Р  Т  Н  О  М  О  А
Л  Г  Г  Х  Ж  К  Х  И  А  И  Т  П  Л  П
Ы  О  Ю  В  О  Д  А  Р  С  Ч  И  И  Н  В
Й  Т  У  С  П  О  Г  О  Д  А  Н  Н  Ц  Р
Т  О  Ь  Ъ  А  Ж  В  Д  Х  А  К  Г  Е  Н
Я  В  К  Ы  С  М  П  А  Р  К  И  А  С  Я
Ж  К  Д  Ф  Н  А  М  Ш  О  У  В  Ф  Р  Ь
Е  А  Ъ  Л  О  У  Ж  И  В  О  Т  Н  Ы  Е
Л  Т  Щ  И  С  А  Г  Н  Т  О  А  Е  О  Г
Ы  У  Ь  Ш  Т  Я  Щ  Г  Ь  И  Щ  Ъ  С  А
Й  Ш  О  Р  И  Е  Н  Т  А  Ц  И  Я  К  Ю
```

ГОРА	ОРИЕНТАЦИЯ
ЖИВОТНЫЕ	ПАРКИ
ОПАСНОСТИ	КАМНИ
КАРТА	САММИТ
КЕМПИНГ	ПОДГОТОВКА
УТЕС	ВОДА
КЛИМАТ	ПОГОДА
БОТИНКИ	ДИКИЙ
УСТАЛЫЙ	СОЛНЦЕ
ПРИРОДА	ТЯЖЕЛЫЙ

35 - Ecologie

Х	Е	С	Т	Е	С	Т	В	Е	Н	Н	Ы	Й	Б
Щ	Л	Ч	Т	Л	В	Е	Ю	Ч	Ы	Щ	С	Н	О
Ь	П	У	Ю	Я	К	О	Г	Ч	С	Р	В	Р	Л
Б	М	Ф	К	Л	Л	Д	Л	Щ	Р	А	Ы	Г	О
И	Г	М	П	Р	И	Р	О	Д	А	З	Ж	С	Т
Ф	Л	О	Р	А	М	Ц	Б	А	С	Н	И	О	О
В	И	Д	Р	М	А	Ь	А	Г	Т	О	В	О	Г
Ф	С	Н	Ц	Ы	Т	П	Л	Щ	Е	О	А	Б	Н
А	Ф	Ю	К	Ь	Щ	А	Ь	Ю	Н	Б	Н	Щ	Б
У	З	А	С	У	Х	А	Н	О	И	Р	И	Е	А
Н	Г	П	А	Р	О	Ж	Ы	Р	Я	А	Е	С	Е
А	М	О	Р	С	К	О	Й	Ъ	П	З	Ь	Т	Ц
В	О	Л	О	Н	Т	Е	Р	Ы	У	И	Ш	В	Ж
Н	О	И	Ж	Д	С	Ч	Ы	П	А	Е	Ю	А	Ъ

ГОРЫ	МОРСКОЙ
РАЗНООБРАЗИЕ	БОЛОТО
ЗАСУХА	ПРИРОДА
ФАУНА	ЕСТЕСТВЕННЫЙ
ФЛОРА	ВЫЖИВАНИЕ
СООБЩЕСТВА	РАСТЕНИЯ
ГЛОБАЛЬНЫЙ	ВИД
КЛИМАТ	ВОЛОНТЕРЫ

36 - Installaties

```
Ъ Л Р С Г Х Я Ш Ь Ь Ф Д Л У
У И Ц У Х И О Г М Л К Е Е Д
Р С Х Л Ы С Б Т О Ц Ж Р С О
А Т Д Щ Ц Ж О Ж Х Д Б Е Ч Б
С В Б Ъ В Ц Б К Щ Х А В Я Р
Т А У Л Е Г П Щ Е Ф М О Ы Е
И И Д А Т Ы Х Р Ъ Л Б П Г Н
И К О Р Е Н Ь П Е О У Ю Ф И
Щ Г И Ж Н Ю П К Ь Р К У Д Е
П Ж В Л И С Т Л П А Л К У Б
П Л Ю Щ Е Т Р А В А О Р Л С
И Ь О Ж А Б О Т А Н И К А Ь
Ц В Е Т О К У С Т Р Л С Д Ю
К А К Т У С Т С У Б А Ц Ш П
```

БАМБУК	ЛИСТВА
ЯГОДА	ТРАВА
ЛИСТ	РАСТИ
ЦВЕТОК	ПЛЮЩ
ЦВЕТЕНИЕ	УДОБРЕНИЕ
ДЕРЕВО	МОХ
БОБ	БОТАНИКА
ЛЕС	КУСТ
КАКТУС	САД
ФЛОРА	КОРЕНЬ

37 - School #2

```
А К А Д Е М И Ч Е С К И Й Л
А Е Н В Ы Х О Д Н Ы Е Ф К И
К В Ы И П Л М Ь К Д Ф Ц А Т
О Ш Т О Г Б У М А Г А Я Р Е
М Р Н О Б И Ч Р Л Г Б Д А Р
П У А Л Б Х Е Щ Е Р И Н Н А
Ь Ч У У А У С Ю Н А Б О Д Т
Ю К К Ь Ц А С Щ Д М Л Ж А У
Т И А О М Ш Б Ч А М И Н Ш Р
Е Ъ Ж Р Б О Х А Р А О И Ш А
Р А М М Ш У К О Ь Т Т Ц Р Ы
О Б Р А З О В А Н И Е Ы К Щ
Ъ У Ч И Т Е Л Ь Ъ К К Ъ Х Ш
Р Ю К З А К С М К А А Г Щ Х
```

АКАДЕМИЧЕСКИЙ	ОБРАЗОВАНИЕ
БИБЛИОТЕКА	БУМАГА
КНИГИ	РУЧКИ
АВТОБУС	КАРАНДАШ
КОМПЬЮТЕР	РЮКЗАК
ГРАММАТИКА	НОЖНИЦЫ
КАЛЕНДАРЬ	ОБУВЬ
УЧИТЕЛЬ	ВЫХОДНЫЕ
ЛИТЕРАТУРА	НАУКА

38 - Oceaan

```
Р В Е Т С К У Г О Р Ь С И Ж
И Ы О Ц К Р Е В Е Т К А У Х
Ф К Б Д Ъ А Д К К М Ю У Л А
К И У А О Б Т Ь О В Д Я В Т
Р Т Т Я А Р Ч Е Р Е П А Х А
М Ш Г Я К Д О Т А А Р У Д В
П Е О У У О Х С Л Ш И С Е Л
Е Р Д Г Л П Х Л Л Л Л Т Л О
Н А Ф У А С О Л Ь И И Р Ь С
Ь П Я Б З Л О Д К А В И Ф Ь
Б К О К И А Б Я Р Ю Ы Ц И Б
К О И А Я У О Ц Г К Г А Н У
А Ъ Ц О С Ь М И Н О Г О К Р
М Ъ Ф Т У Н Е Ц А Ъ О Ш Ю Я
```

УГОРЬ	ОСЬМИНОГ
ВОДОРОСЛИ	УСТРИЦА
ЛОДКА	РИФ
ДЕЛЬФИН	ЧЕРЕПАХА
КРЕВЕТКА	ГУБКА
ПРИЛИВЫ	БУРЯ
АКУЛА	ТУНЕЦ
КОРАЛЛ	РЫБА
КРАБ	КИТ
МЕДУЗА	СОЛЬ

39 - Landen #2

Р	О	С	С	И	Я	М	С	Ж	Е	Х	Г	Ъ	Б
Я	Я	Щ	Л	И	В	А	Н	О	Х	О	А	Ь	Б
М	П	Т	П	Ш	К	Л	О	Л	М	Ш	М	Ы	Ъ
Е	Я	О	Ю	Б	М	А	Я	В	Т	А	С	Щ	У
К	К	Е	Н	И	Я	Й	Д	Ш	Д	Б	Л	П	К
С	И	Г	Е	И	Г	З	Л	А	О	С	С	И	Р
И	Н	Р	П	Р	Я	И	У	Г	А	Н	Д	А	А
К	Д	Е	А	Л	Н	Я	Д	Ш	Л	Ф	А	Т	И
А	О	Ц	Л	А	Т	И	В	П	И	Р	Н	И	Н
О	Н	И	М	Н	Х	Р	Г	Ц	Б	А	И	Х	А
Е	Е	Я	Ъ	Д	Н	Н	Я	Е	Е	Н	Я	Ш	Ц
К	З	Э	Ф	И	О	П	И	Я	Р	Ц	О	Д	О
Б	И	Щ	Ц	Я	Ь	Ю	Т	У	И	И	К	Ч	Ъ
Т	Я	Ъ	С	И	Р	И	Я	О	Я	Я	Я	Г	С

ДАНИЯ	ЛИБЕРИЯ
ЭФИОПИЯ	МАЛАЙЗИЯ
ФРАНЦИЯ	МЕКСИКА
ГРЕЦИЯ	НЕПАЛ
ИРЛАНДИЯ	НИГЕРИЯ
ИНДОНЕЗИЯ	УГАНДА
ЯПОНИЯ	УКРАИНА
КЕНИЯ	РОССИЯ
ЛАОС	СОМАЛИ
ЛИВАН	СИРИЯ

40 - Bloemen

И	К	Ж	Ю	Ж	С	Ш	Р	М	Я	М	К	Г	М
Л	Е	П	Е	С	Т	О	К	А	В	Р	Л	И	А
Г	А	Р	Д	Е	Н	И	Я	К	Ь	Ю	Е	Б	Р
Р	О	З	А	О	Д	П	И	О	Н	Ц	В	И	Г
Ы	М	А	Г	Н	О	Л	И	Я	Х	Л	Е	С	А
Ы	Ф	Ы	С	У	Ц	А	Т	О	Х	Б	Р	К	Р
П	Д	Ъ	У	Ю	Ж	В	Ъ	Я	Е	У	В	У	И
Т	Л	О	Д	У	В	А	Н	Ч	И	К	У	С	Т
Л	Ю	Ю	Л	Ъ	Е	Н	С	И	Р	Е	Н	Ь	К
В	Щ	Л	М	Щ	О	Д	А	М	Ь	Т	Ъ	Я	А
Д	Ц	И	Ь	Е	М	А	Ъ	Х	И	Ц	У	Р	Ь
О	Ь	Л	И	П	Р	Х	Я	М	Ю	Н	Б	Н	Ж
Ь	М	И	Ф	И	А	И	О	Р	Х	И	Д	Е	Я
Ы	Л	Я	Ц	Ь	Б	Н	Я	К	А	Е	Ю	С	Ш

ЛЕПЕСТОК
БУКЕТ
ГАРДЕНИЯ
ГИБИСКУС
ЖАСМИН
КЛЕВЕР
ЛАВАНДА
ЛИЛИЯ
СИРЕНЬ

МАРГАРИТКА
МАГНОЛИЯ
ОРХИДЕЯ
ОДУВАНЧИК
МАК
ПИОН
ПЛЮМЕРИЯ
РОЗА
ТЮЛЬПАН

41 - Huisdieren

```
Ш С Г Ц В Я Щ Е Р И Ц А Б Ю
А Л А П Ы Е Р Г Ы К В Д Ш О
Щ Е Н О К Я Т Ю Б Ц О Я Ы У
П Ь Д Р И Ь Ж Е А У Р Г Ю Х
О К Х Г Л П Ц Е Р О О Я Т Ч
Х В О С Т Е О Х Ц И Т Л Е И
О Ш М С Ц Д Ц П О Д Н О Ч М
С О Я Л С А Х И У Р И А Е Ы
Ь Ф К Р О Л И К О Г К У Р Ш
Ю Ъ О У Б В О Д А С А Т Е Ь
Р Р Ш В А Д В К Г Н Ж Й П Ь
О Л К Х К Ж Т О Ы О Г Ю А А
Щ Я А К А П Т З Р Е Н Ы Х Е
К О Р О В А Б А Л С Ъ Ы А У
```

ВЕТЕРИНАР	МЫШЬ
КОЗА	ПОПУГАЙ
ЯЩЕРИЦА	ЛАПЫ
ХОМЯК	ЩЕНОК
СОБАКА	ЧЕРЕПАХА
КОШКА	ХВОСТ
КОГТИ	РЫБА
КОРОВА	ЕДА
КРОЛИК	ВОДА
ВОРОТНИК	

42 - Landschappen

О	Л	Ш	Н	Н	Т	А	Г	Ж	К	Л	О	О	О
С	Е	Ш	М	П	Р	У	Й	Е	Б	Д	Ь	А	Щ
Т	Д	Ы	П	Л	Я	Ж	Н	С	Й	Т	Д	З	Я
Р	Н	Н	О	О	Щ	Р	Ц	Д	Б	З	Б	И	Б
О	И	Ж	Л	З	М	О	Р	Е	Р	Е	Е	С	О
В	К	М	У	Е	П	Ж	М	Е	Я	А	Р	Р	Л
О	Р	Щ	О	Р	В	О	Д	О	П	А	Д	Г	О
К	Е	К	С	О	Т	Ж	О	Х	У	Ц	Ь	Ф	Т
Е	Б	П	Т	Х	Ч	П	Л	Ы	С	В	У	Ц	О
А	Л	Ц	Р	Е	К	А	И	Е	Т	П	У	В	Б
Н	Ь	Х	О	Л	М	Р	Н	Х	Ы	Ч	Г	И	М
С	С	Д	В	У	Л	К	А	Н	Н	Ш	О	Щ	Ч
Ф	Ж	К	П	Е	Щ	Е	Р	А	Я	Г	Р	Ю	П
К	Т	Ж	Х	П	У	У	Е	Х	Ч	Р	А	Г	Р

ГОРА	ОКЕАН
ОСТРОВ	РЕКА
ГЕЙЗЕР	ПОЛУОСТРОВ
ЛЕДНИК	ПЛЯЖ
ПЕЩЕРА	ТУНДРА
ХОЛМ	ДОЛИНА
АЙСБЕРГ	ВУЛКАН
ОЗЕРО	ВОДОПАД
БОЛОТО	ПУСТЫНЯ
ОАЗИС	МОРЕ

43 - Tuin

Х	С	Б	Ш	Л	О	Л	Т	Д	Ю	Ы	Б	Ф	Р
Н	Б	Ч	Л	Ш	Д	Т	О	П	Ф	С	В	Ч	С
В	Ъ	В	В	А	Ш	Е	Л	П	Я	А	Ф	У	С
Ф	Ш	Ь	С	Ф	Ъ	Р	Р	А	А	Д	Ч	Ж	В
Г	Л	Ю	П	П	Ь	Р	Б	Е	Н	Т	Ц	П	Ц
Р	А	Ф	С	Д	Ф	А	Ц	Ч	В	С	А	О	Ъ
А	Н	Р	Щ	Ш	А	С	В	Ц	Ы	О	К	Ч	С
Б	Г	Х	А	Р	Ж	А	Е	Т	О	Р	Р	В	Л
Л	А	М	Г	Ж	Б	А	Т	У	Т	Н	Ы	А	У
И	М	Т	Р	А	В	А	О	Ц	К	Я	Л	Ш	Ж
З	А	Б	О	Р	Ч	Щ	К	Ф	Н	К	Ь	П	А
С	К	Ы	Г	Е	С	Л	Ы	О	Р	И	Ц	Ш	Й
П	Р	У	Д	И	Ъ	Ь	К	Т	А	Щ	О	С	К
С	К	А	М	Ь	Я	Р	Ю	П	К	У	С	Т	А

СКАМЬЯ	СОРНЯКИ
ЦВЕТОК	ЛОПАТА
ПОЧВА	ШЛАНГ
ДЕРЕВО	КУСТ
ГАРАЖ	ТЕРРАСА
ЛУЖАЙКА	БАТУТ
ТРАВА	САД
ГАМАК	КРЫЛЬЦО
ГРАБЛИ	ПРУД
ЗАБОР	

44 - Katten

```
Б М А Л Е Н Ь К И Й А Ж С А
Ш Ь О Г Л И Ч Н О С Т Ь М С
Л Ю Б О П Ы Т Н Ы Й Ь И Е П
Л С Г Л О Х О Т Н И К Г Ш Е
Х А У Л Е Р Ю Ю Е Щ Д Р Н Я
У И П Ж Ь Ъ Ъ Б З Г Щ И О А
Я Д Ю А В Ф У Ь А Б М В Й Х
З А С Т Е Н Ч И В Ы Й Ы Ц А
Ж М П Д И К И Й И С Ю Й Ш Г
Н П А Р Р Х В О С Т С Ч Ш Ь
Ш Р Т Ж Я И Ъ Х И Р И С К Н
Х Ж Ь Р В Ж Щ М М О Х Ж А Н
К О Г О Т Ь А Е Ы Ж Ш Т П А
О П А М Ъ Ц И Х Й К Ц Н Х Ц
```

МЕХ	ЛИЧНОСТЬ
ПРЯЖА	ЛАПА
СМЕШНОЙ	СПАТЬ
ОХОТНИК	БЫСТРО
КОГОТЬ	ИГРИВЫЙ
МАЛЕНЬКИЙ	ХВОСТ
МЫШЬ	ЗАСТЕНЧИВЫЙ
ЛЮБОПЫТНЫЙ	ДИКИЙ
НЕЗАВИСИМЫЙ	

45 - Beroepen #2

```
И С С Л Е Д О В А Т Е Л Ь И
Ф Е Р М Е Р Е Ы Я Ч В Ш Ц Л
И Ы Я Ж У Ч И Т Е Л Ь Ю В Л
Л И Н Ж Е Н Е Р Е Б О Ц Р Ю
О Х И Р У Р Г Ъ И К Н Ч А С
С Т О М А Т О Л О Г Т П Ч Т
О Х У Д О Ж Н И К Л Б И Н Р
Ф Ф О Т О Г Р А Ф И В Л В А
Ж У Р Н А Л И С Т Н Ы О Ш Т
С А Д О В Н И К П Г У Т Н О
Ж Х А С Т Р О Н А В Т Г Я Р
Ж Ы Н А Ц Ш А Ы Б И О Л О Г
Д Ш Н Д Ь Д Д Н Ъ С Б Ш И Д
Ч Г С Н Ы Ч В Л Г Т Ч Х Т Ъ
```

ВРАЧ	ИНЖЕНЕР
АСТРОНАВТ	ЖУРНАЛИСТ
БИОЛОГ	УЧИТЕЛЬ
ФЕРМЕР	ЛИНГВИСТ
ХИРУРГ	ИССЛЕДОВАТЕЛЬ
ДЕТЕКТИВ	ПИЛОТ
ФИЛОСОФ	ХУДОЖНИК
ФОТОГРАФ	СТОМАТОЛОГ
ИЛЛЮСТРАТОР	САДОВНИК

46 - Komedie

```
В У О С К О Г Ы П Т У К К А
Т Е Л Е В И Д Е Н И Е Л Ш П
И Т У Д Ы А И В Е Ъ О О С Л
С Ц Л Ф Р У У Ъ Я Ш Х У Ш О
Г Ш Ъ Н А Д А Б Д Щ Ш Н Ю Д
Ь Ц Ф М З И К Б П Г У Ы И И
Ю М О Р И Т Т В А К Т Е Р С
Ж Ы Щ Ж Т О Р Е Р О К Я Т М
Т А И И Е Р И С О Ъ И У Ь Е
И У Н Ы Л И С Е Д К И Ъ Ы Н
О Ш Л Р Ь Я А Л И А П П Ш Т
Л Ж У М Н Ы Й Ь Я В И Ю Ю Ы
В П Л Е Ы С М Е Ш Н О Й О Г
С М Е Х Й Т Е А Т Р Ш Ы К С
```

АКТЕР	СМЕШНОЙ
АКТРИСА	ЮМОР
АПЛОДИСМЕНТЫ	ПАРОДИЯ
КЛОУНЫ	ВЕСЕЛЬЕ
ВЫРАЗИТЕЛЬНЫЙ	АУДИТОРИЯ
СМЕХ	УМНЫЙ
ЖАНР	ТЕЛЕВИДЕНИЕ
ШУТКИ	ТЕАТР

47 - Dagen en Maanden

```
А С Я Ь И К И Ы В Н Ю И Д О
В У Ю Н Ь Б К В Т О Р Н И К
Г Б Б К В Т Г О Д Я И Л Ю Т
У Б Ш Т Х А Щ Я Л Б Ы Т Н Я
С О К К С Ц Р К И Р Я И Ь Б
Т Т Д М А Р Т Ь Я Ь О Л Р Р
Г А Ж Ч Б Л Ф Е В Р А Л Ь Ь
С Р Е Д А С Е Н Т Я Б Р Ь Ж
П Я Т Н И Ц А Н М Е С Я Ц В
Н Е Д Е Л Я Ф Ю Д Д Н С Ч К
К Р Р Б О М И Ь Ж А А К Б Ч
В Г Т Ь К Р Ю Я Ъ Ю Р В Ч Н
П О Н Е Д Е Л Ь Н И К Ь Т Л
П С Ш Я Т Ъ Ь Ч Е Т В Е Р Г
```

АВГУСТ	ПОНЕДЕЛЬНИК
ВТОРНИК	МАРТ
ЧЕТВЕРГ	НОЯБРЬ
ФЕВРАЛЬ	ОКТЯБРЬ
ГОД	СЕНТЯБРЬ
ЯНВАРЬ	ПЯТНИЦА
ИЮЛЬ	НЕДЕЛЯ
ИЮНЬ	СРЕДА
КАЛЕНДАРЬ	СУББОТА
МЕСЯЦ	

48 - Beeldende Kunsten

```
Х У Д О Ж Н И К Б В О С К К
П О Р Т Р Е Т Ж Ж Ш Ж О Р Е
П Е Р С П Е К Т И В А С Ф Р
Ш Г Ф П Т Р А Ф А Р Е Т О А
Р Е Ш Ю И Г Р Б Р Ы Я А Т М
Т П Д П В С А Ъ У У Щ В О И
Е Ч Ж Е Н Л Н Л Г Н Ч Ю Г К
Е Ч Ц Ю В Ц Д А О Ж Ж К Р А
Ф И Л Ь М Р А К Л А С С А Г
Т М Я Г Ж М Ш Ч Ь Ж Ж Щ Ф Л
К Р Е А Т И В Н О С Т Ь И И
С К У Л Ь П Т У Р А М Л Я Н
М О Л Ь Б Е Р Т Г Р П Е М А
А Р Х И Т Е К Т У Р А Ф Л Ч
```

АРХИТЕКТУРА	МЕЛ
ХУДОЖНИК	ШЕДЕВР
СКУЛЬПТУРА	РУЧКА
КРЕАТИВНОСТЬ	ПЕРСПЕКТИВА
МОЛЬБЕРТ	ПОРТРЕТ
ФИЛЬМ	КАРАНДАШ
ФОТОГРАФИЯ	СОСТАВ
УГОЛЬ	ТРАФАРЕТ
КЕРАМИКА	ЛАК
ГЛИНА	ВОСК

49 - Menselijk Lichaam

```
Ч Ш У П Л Ю У К О Ж А Х М П
В Е Н Я Г О Л О В А Щ Ж Д О
Ы Я Л У Х О Д Щ Х А Б Г Щ Д
Л Е К Ю Ю Ф Д Ы Х Ъ П Г В Б
У Ж Ф Я С Я Е Т Ж Ю Ы Ф К О
Е Е Ъ Ь З Т С Г Ж К Р Ж И Р
П Л Е Ч О Ы Ь П Е Х А Ц П О
О У Ю И Р У К А К Р О В Ь Д
Г Д Е У Д М О С О У И Ь Ъ О
Р О Т Щ П А Л Е Ц Ц Ж М Ф К
Ю К Х Л Ю Л Е Р Ф Д Н О С И
Л О К О Т Ь Н Д Д А О З Щ Ц
Д И Ч Ь Г Ф О Ц Л В Г Г И Р
Т С В У И Ч О Е Ф Ц А Н Ы Р
```

НОГА	ПОДБОРОДОК
КРОВЬ	КОЛЕНО
ЛОКОТЬ	ЖЕЛУДОК
ЛОДЫЖКА	РОТ
РУКА	ШЕЯ
СЕРДЦЕ	НОС
МОЗГ	УХО
ГОЛОВА	ПЛЕЧО
КОЖА	ЯЗЫК
ЧЕЛЮСТЬ	ПАЛЕЦ

50 - Familie

У	М	И	Ц	Ь	Е	Ц	О	Ж	Щ	А	Ф	П	П
Е	Ж	Н	Ь	В	Ш	Ю	Т	И	Е	Х	Ц	Л	Л
Ь	Б	Л	И	З	Н	Е	Ц	Ы	У	Н	Л	Е	Е
Д	Я	Д	Я	Е	В	М	О	К	П	Ц	А	М	М
Е	Е	Р	Ю	В	Р	А	В	Б	Р	А	Т	Я	Я
Д	Р	Т	Н	М	Б	Т	С	А	Е	А	У	Н	Н
В	П	Ф	С	Л	Т	Ь	К	Б	Д	Ч	В	Н	Н
Т	Е	Т	Я	Т	У	Ы	И	У	О	М	Н	И	И
Д	Е	Т	И	И	В	Н	Й	Ш	К	Д	У	К	Ц
Ы	Р	Е	Б	Е	Н	О	К	К	Ъ	О	К	Ж	А
И	У	Я	Х	М	А	Ъ	Ь	А	П	Ч	Ю	Ф	Г
Д	Д	Ж	С	А	Ц	Ч	Ц	Л	Щ	Ь	Н	Д	Ю
И	Я	Ч	И	И	О	Т	Щ	Р	А	Ю	Г	Х	Ф
С	Е	С	Т	Р	А	Ф	В	К	М	О	Т	Е	Ц

БРАТ	ПЛЕМЯННИЦА
ДОЧЬ	ДЯДЯ
БАБУШКА	ДЕД
ДЕТСТВО	ТЕТЯ
РЕБЕНОК	БЛИЗНЕЦЫ
ДЕТИ	ОТЕЦ
ВНУК	ОТЦОВСКИЙ
МУЖ	ПРЕДОК
МАТЬ	ЖЕНА
ПЛЕМЯННИК	СЕСТРА

51 - Gebouwen

```
Ю Д З Б О Л Ь Н И Ц А Ж Л С
Ч К Я А Ю Н В Щ Ю А М С А У
Ш П Л О В С Ю Ж Д Р Щ Р Б П
К Р Ъ Б М О П Р Ч И Ю О О Е
О В З С С А Д А М Б А Р Р Р
Л К А Е А Н Ю Ф С А О Г А М
А И М Р Ъ Ь П Е Т Ш Т А Т А
П Н О В Т Ж Ь Р А Н Е Р О Р
А О К А Е И Д М Д Я Л А Р К
Л Ц Ю Т А В Р А И В Ь Ж И Е
А Д Р О Т Ъ Ь А О Л Х П Я Т
Т В Ъ Р Р А О Ю Н Щ Ш П К О
К Е В И П О С О Л Ь С Т В О
А Н Ч Я М У З Е Й Ж Ь Н С Ш
```

ПОСОЛЬСТВО	ОБСЕРВАТОРИЯ
КВАРТИРА	ШКОЛА
КИНО	АМБАР
ФЕРМА	СТАДИОН
ЗАВОД	СУПЕРМАРКЕТ
ГАРАЖ	ПАЛАТКА
ОТЕЛЬ	ТЕАТР
ЗАМОК	БАШНЯ
ЛАБОРАТОРИЯ	БОЛЬНИЦА
МУЗЕЙ	

52 - Kunst

```
С  Ю  Р  Р  Е  А  Л  И  З  М  Я  Л  С  Л
М  И  О  Р  И  Г  И  Н  А  Л  К  Р  К  Т
А  Я  М  Ч  Е  С  Т  Н  Ы  Й  Е  И  У  А
Ь  П  Ы  В  Ф  Ю  Е  Ж  Ъ  Р  Р  З  Л  П
Ч  Ш  Ъ  Ц  О  Т  Е  М  А  К  А  О  Ь  Д
П  Я  С  Х  Г  Л  Ч  Ы  Х  Р  М  Б  П  Ш
Ф  В  Ы  Р  А  Ж  Е  Н  И  Е  И  Р  Т  П
М  И  И  Ц  Д  Р  Ъ  Ц  С  Я  Ч  А  У  О
Х  Ф  Г  Ж  Я  Ю  К  Щ  С  О  Е  Ж  Р  Э
Ч  В  Ч  У  Ы  Т  Ц  Ж  К  Т  С  А  А  З
Е  Ь  С  П  Р  О  С  Т  О  Й  К  Т  Е  И
К  Х  Ж  С  Н  А  Ш  П  И  Р  И  Ь  А  Я
С  Л  О  Ж  Н  Ы  Й  Ф  Ч  Л  Й  Ч  Х  В
В  Д  О  Х  Н  О  В  Л  Е  Н  Н  Ы  Й  Г
```

СКУЛЬПТУРА	ОРИГИНАЛ
СЛОЖНЫЙ	ПОЭЗИЯ
ПРОСТОЙ	ИЗОБРАЖАТЬ
ЧЕСТНЫЙ	СОСТАВ
ФИГУРА	СЮРРЕАЛИЗМ
ВДОХНОВЛЕННЫЙ	СИМВОЛ
КЕРАМИЧЕСКИЙ	ВЫРАЖЕНИЕ
ТЕМА	

53 - Beroepen #1

```
В  Ъ  С  Ф  Р  К  П  Ц  Ц  Е  М  С  Г  М
Е  Ж  П  А  Л  Ю  А  И  П  П  Ю  С  П  У
Т  Ч  М  Р  Ъ  И  С  Р  А  Ю  А  Р  О  З
Е  Б  Е  М  И  Ы  Т  Х  Т  Н  П  М  С  Ы
Р  А  Д  А  В  В  Р  А  Ч  О  И  Ы  О  К
И  Н  С  Ц  Г  Е  О  Л  О  Г  Г  С  Л  А
Н  К  Е  Е  Ю  Я  Н  Х  И  И  П  Р  Т  Н
А  И  С  В  А  Б  О  А  Д  В  О  К  А  Т
Р  Р  Т  Т  У  К  М  Ю  В  Е  Л  И  Р  Ф
Ш  С  Р  П  С  И  Х  О  Л  О  Г  Б  Ю  И
О  Т  А  Ь  Т  А  Н  Ц  О  Р  В  М  Я  Х
С  П  О  Р  Т  С  М  Е  Н  В  Ц  М  А  У
Р  Е  Д  А  К  Т  О  Р  У  Ч  Е  Н  Ы  Й
О  Х  О  Т  Н  И  К  Я  Щ  Ж  Б  Ъ  Ы  Ф
```

АДВОКАТ	РЕДАКТОР
ПОСОЛ	ГЕОЛОГ
ФАРМАЦЕВТ	ОХОТНИК
АСТРОНОМ	ЮВЕЛИР
СПОРТСМЕН	МУЗЫКАНТ
БАНКИР	ПИАНИСТ
КАРТОГРАФ	ПСИХОЛОГ
ТАНЦОР	МЕДСЕСТРА
ВЕТЕРИНАР	УЧЕНЫЙ
ВРАЧ	

54 - Kastelen

```
И Ц В П Ъ Ж О Л Б Ы Ъ К Б О
Ш Ю Е Т Д Д В О Р Е Ц О Л Х
Е Ы П А В Б Х Ш Б Ф Д Р А Ф
К О Р О Н А С А Р Щ Р О Г Р
А И И Ю А Ш Т Д О Р А Л О Д
Т М Н Н О Н Е Ь Н Ы К Е Р И
А П Ц Н Ж Я Н Ф Я Ц О В О Н
П Е Е Щ И Т А Ж Ы А Н С Д А
У Р С Т У П Т Х Ы Р Ц Т Н С
Л И С Г П У Р Н О Ь Щ В Ы Т
Ь Я А Т Е М Н И Ц А М О Й И
Т Ф Е О Д А Л Ь Н Ы Й Е И Я
А Е Д И Н О Р О Г Ц Ж Р Ч В
Н Ф Ж Я Б У Ж Г Г Ч Х П М Х
```

ДРАКОН	СТЕНА
ДИНАСТИЯ	ЛОШАДЬ
БЛАГОРОДНЫЙ	ДВОРЕЦ
ЕДИНОРОГ	ПРИНЦ
ФЕОДАЛЬНЫЙ	ПРИНЦЕССА
БРОНЯ	РЫЦАРЬ
КАТАПУЛЬТА	ИМПЕРИЯ
ТЕМНИЦА	ЩИТ
КОРОЛЕВСТВО	БАШНЯ
КОРОНА	МЕЧ

55 - Insecten

Ь	Ш	Ш	Ц	И	К	А	Д	А	М	Х	Ц	О	К
С	Ф	Т	Е	Р	М	И	Т	Ь	У	Н	Щ	Ъ	Ф
И	Т	Ь	Д	Р	Щ	Ж	Е	Р	Р	Т	П	Ш	Р
Б	А	Р	Ж	Ж	Ш	Ь	Е	В	А	К	Ь	В	Ж
С	Р	Ъ	Е	У	Ь	Е	В	С	В	У	В	Ш	Г
Ь	А	Ж	Б	К	Б	П	Н	Д	Е	З	С	Е	Ч
Ю	К	Ш	Г	Ю	О	С	А	Ь	Й	Н	Ы	Р	Б
Ц	А	Ш	Г	Ь	Г	З	Л	У	Е	Е	С	Л	Л
П	Н	Т	Л	Я	О	Б	А	Б	О	Ч	К	А	О
Ч	Ч	Д	Ц	Л	М	Ш	Ч	Н	А	И	У	О	Х
Е	Я	Е	Ы	К	О	С	У	К	Р	К	К	Х	А
Р	К	Т	Л	Ъ	Л	У	Л	И	Ч	И	Н	К	А
В	У	Ь	Х	А	И	А	Ь	Т	К	О	М	А	Р
Ь	А	Ъ	П	Ю	В	Б	Ж	Ф	Ц	Л	Б	П	Щ

БОГОМОЛ   МУРАВЕЙ
ПЧЕЛА   КОМАР
ТЛЯ   КУЗНЕЧИК
ЦИКАДА   ТЕРМИТ
ШЕРШЕНЬ   БАБОЧКА
ТАРАКАН   БЛОХА
ЖУК   ОСА
ЛИЧИНКА   ЧЕРВЬ
СТРЕКОЗА

56 - Antarctica

```
С К А Л И С Т Ы Й М Я И Л Т
Л Э К С П Е Д И Ц И Я С Е О
М Е Ш О З Ж Г О Т Г Г С Д П
И Н Д Х О А М Щ М Р Е Л Н О
Н А В Р Б Я Л Б Т А О Е И Г
Е У Е А Л Ь О И Р Ц Г Д К Р
Р Ч К Н А Г Х Ж В И Р О И А
А Н Ь Е К О Ш О О Я А В И Ф
Л Ы Х Н А Е С Х Д Ж Ф А Л И
Ы Й В И Д М С Т А Д И Т Ы Я
И Р Ж Е С Б О А Р Г Я Е Ж Н
К О Н Т И Н Е Н Т О Х Л М Х
П И Н Г В И Н Ы Ф У В Ь М Г
П О Л У О С Т Р О В Л А Ф Ц
```

ЗАЛИВ	ИССЛЕДОВАТЕЛЬ
СОХРАНЕНИЕ	ПИНГВИНЫ
КОНТИНЕНТ	СКАЛИСТЫЙ
ОСТРОВА	ПОЛУОСТРОВ
ЭКСПЕДИЦИЯ	ВИД
ГЕОГРАФИЯ	ТОПОГРАФИЯ
ЛЕДНИКИ	ВОДА
ЛЕД	НАУЧНЫЙ
МИГРАЦИЯ	ОБЛАКА
МИНЕРАЛЫ	

57 - Ballet

```
И А У Д И Т О Р И Я К Т Б П
О Н А В Ы К Т У П Ы О А А М
Т Ж Т М Ъ Ц Ш Р Т Ч М Н Л Ы
Я Е Ф Е И И Ж О Р Р П Ц Е Ш
Х С Х Н Н Ю Д К Б Х О О Р Ц
Щ Т Я Н О С Т И Л Ь З Р И Ы
С О Л О И В И К Щ Ж И Ы Н Ц
Ь М У З Ы К А В Я Ц Т Щ А К
У Ж Е О О Ы А Д Н У О Д К Г
Г Р И Т М О Б Щ Н О Р М Т П
Ы К Г А Я К О Р К Е С Т Р О
Х К С П Р А К Т И К А Т Ч Х
А П Л О Д И С М Е Н Т Ы Ь Ч
В Ы Р А З И Т Е Л Ь Н Ы Й А
```

АПЛОДИСМЕНТЫ	ОРКЕСТР
БАЛЕРИНА	ПРАКТИКА
КОМПОЗИТОР	АУДИТОРИЯ
ТАНЦОРЫ	РИТМ
ВЫРАЗИТЕЛЬНЫЙ	СОЛО
ЖЕСТ	МЫШЦЫ
ИНТЕНСИВНОСТЬ	СТИЛЬ
УРОКИ	ТЕХНИКА
МУЗЫКА	НАВЫК

58 - Vissen

```
О П Р Е У В Е Л И Ч Е Н И Е
К Б П Т Ж К Г О З Е Р О О Щ
Е П О Е Ж А Р Е П Л Я Ж П Е
А Р В Р Ж Ш Б Ю Б Ю Ч Ц Р М
Н И А П У Х Г Р К С Е З О Н
А М Р Е Г Д С Ш Ы Т И Р В Г
Е А М Н И Ч О Ы Д Ь Л Е О Ъ
Ф Н М И Д Ш Б В Ъ В В К Д И
Я К Ш Е В О Д А А Г Е А Я Ю
Щ А Х К О О Л К Д Н С У Ч А
Ж Ь У Ц Т Ж О Е Н Д И Ю Ж Ч
О Ф Ф У Ж Х Д Е М Ц О Е К Ц
Т Ц Т Ы М Ш К О Р З И Н А Т
О Ъ Ч Н П Л А В Н И К И А Ч
```

ПРИМАНКА	КОРЗИНА
ОБОРУДОВАНИЕ	ОЗЕРО
ЛОДКА	ОКЕАН
ПРОВОД	ПРЕУВЕЛИЧЕНИЕ
ТЕРПЕНИЕ	РЕКА
ВЕС	СЕЗОН
КРЮК	ПЛЯЖ
ЧЕЛЮСТЬ	ПЛАВНИКИ
ЖАБРЫ	ВОДА
ПОВАР	

59 - Fruit

Я	Г	Ч	Л	В	И	Н	О	Г	Р	А	Д	Р	Г
Ч	Б	Г	Ч	Л	К	И	В	И	Т	В	Щ	О	Н
Ъ	Л	Л	Ф	Р	Г	О	И	М	К	О	К	О	С
Ц	Ш	Ч	О	М	Р	Р	Ш	А	Ч	К	Ч	У	М
Д	Р	Ш	Ч	К	Б	Ш	Н	Л	Х	А	Х	Ь	Ц
М	А	Н	Г	О	О	А	Я	И	А	Д	Ы	Н	Я
Н	Е	К	Т	А	Р	И	Н	Н	Я	О	Л	П	Ж
С	М	Ь	Х	Ъ	Т	Ц	Д	А	У	Ь	И	Е	Ч
Г	Р	У	Ш	А	П	Ь	Ч	Н	Н	Ц	М	Р	А
П	А	П	А	Й	Я	Б	Ъ	А	Я	Ы	О	С	Ъ
С	Л	И	В	А	У	А	Т	Н	Ы	Г	Н	И	Н
М	А	Н	П	В	Ъ	Щ	Ь	А	У	П	О	К	А
Ь	Х	А	Б	Р	И	К	О	С	Р	У	С	Д	Ш
О	Р	А	Н	Ж	Е	В	Ы	Й	Б	Ф	Б	К	А

АБРИКОС	КИВИ
АНАНАС	КОКОС
ЯБЛОКО	МАНГО
АВОКАДО	ДЫНЯ
БАНАН	НЕКТАРИН
ЯГОДА	ОРАНЖЕВЫЙ
ЛИМОН	ПАПАЙЯ
ВИНОГРАД	ГРУША
МАЛИНА	ПЕРСИК
ВИШНЯ	СЛИВА

60 - Literatuur

```
Щ Е У Щ О Ч К Х М Ь Ш Ъ О Б
С Ы У Ж Ч Е Т Ь Ю А Ъ Н Н И
Р И Д С Ъ О П И С А Н И Е О
А С Т И Л Ь Я У Ф Ы В Г А Г
В В Р Ь А Н А Л И З С Ф У Р
Н П П Ы Ц Л М Е Т А Ф О Р А
Е А Н Е К Д О Т Л К В Ф Ю Ф
Н Р А Н А Л О Г И Я С Т Т И
И Х С Ш Ц И Я Р А У Т Е О Я
Е Ж Ц М М Н Е Н И Е И М Р Р
Т Р А Г Е Д И Я Ш Ф Х А О И
З А К Л Ю Ч Е Н И Е М Б М Т
П О Э Т И К А К Т С Ж А А М
Р А С С К А З Ч И К Т Я Н С
```

АНАЛОГИЯ	ОПИСАНИЕ
АНАЛИЗ	ПОЭТИКА
АНЕКДОТ	РИФМА
АВТОР	РИТМ
БИОГРАФИЯ	РОМАН
ЗАКЛЮЧЕНИЕ	СТИЛЬ
ДИАЛОГ	ТЕМА
СТИХ	ТРАГЕДИЯ
МНЕНИЕ	СРАВНЕНИЕ
МЕТАФОРА	РАССКАЗЧИК

61 - Technologie

```
В И Р У С Ц Ш Р И Ф Т И Ю Е
Ж У Ъ П Е Н И Ъ Л Ш С С С В
К С Б Л Ф Л П Ф М Б С С Ф И
Х Ж У Р Ы В Р С Р И Н Л Ш Р
Р Ш Н Д А Н Н Ы Е О А Е Я Т
Ю Н Н Ы К У Р С О Р В Д Л У
Э К Р А Н П З Ф А Й Л О Х А
У Ш Ф Л К А М Е Р А Е В Й Л
В П Б А Й Т О В Р Г Ь А Ф Ь
С О О Б Щ Е Н И Е А Б Н Н Н
К О М П Ь Ю Т Е Р Д Щ И Н Ы
С Т А Т И С Т И К А Х Е М Й
И Н Т Е Р Н Е Т В Б Л О Г В
Б Е З О П А С Н О С Т Ь Ш А
```

СООБЩЕНИЕ	ДАННЫЕ
ФАЙЛ	ИНТЕРНЕТ
БЛОГ	ШРИФТ
БРАУЗЕРА	ИССЛЕДОВАНИЕ
БАЙТОВ	ЭКРАН
КАМЕРА	СТАТИСТИКА
КОМПЬЮТЕР	БЕЗОПАСНОСТЬ
КУРСОР	ВИРТУАЛЬНЫЙ
ЦИФРОВОЙ	ВИРУС

62 - Boeken

О	Ъ	Т	К	О	Н	Т	Е	К	С	Т	У	Р	Л
Р	Ы	В	Р	Ю	Ы	С	Т	Ф	О	Р	М	А	И
Н	О	Х	С	А	Ь	М	О	Ъ	Б	Х	Е	С	Т
Я	Ь	М	Н	Т	Г	Р	Т	Х	Г	Ш	С	С	Е
Е	С	Ф	А	Ф	Р	И	С	Т	И	Х	Т	К	Р
Ш	В	А	Р	Н	Ы	А	Ч	Ъ	Ю	В	Н	А	А
Б	Н	Х	М	Р	Ы	Ы	Н	Е	Ц	Ю	Ы	З	Т
Х	А	Р	А	К	Т	Е	Р	И	С	Г	Й	Ч	У
Э	П	И	Ч	Е	С	К	И	Й	Ц	К	Р	И	Р
Л	И	С	Е	Р	И	И	И	Х	Ж	А	И	К	Н
И	С	Т	О	Р	И	Я	С	Л	О	В	А	Й	Ы
Н	А	В	Т	О	Р	П	О	Э	З	И	Я	Б	Й
Е	Н	И	Ч	И	Т	А	Т	Е	Л	Ь	А	Ю	И
Ю	О	И	С	Т	О	Р	И	Ч	Е	С	К	И	Й

AВТОР
СТРАНИЦА
КОНТЕКСТ
ЭПИЧЕСКИЙ
СТИХ
НАПИСАНО
ИСТОРИЧЕСКИЙ
ХАРАКТЕР
ЧИТАТЕЛЬ

ЛИТЕРАТУРНЫЙ
ПОЭЗИЯ
УМЕСТНЫЙ
РОМАН
СЕРИИ
ТРАГИЧЕСКИЙ
ИСТОРИЯ
РАССКАЗЧИК
СЛОВА

63 - Meer Informatie

В	Ь	П	С	Ц	Е	Н	А	Р	И	Й	Л	П	И
О	Б	Л	Р	Т	Е	Х	Н	О	Л	О	Г	И	Я
О	К	А	Е	С	Х	Ж	Щ	К	И	Ь	Л	Ж	Ь
Б	Л	Н	А	К	И	Н	О	Р	А	К	У	Л	Я
Р	О	Е	Л	К	Е	О	Г	О	Н	Ь	Н	Г	В
А	Н	Т	И	У	Т	О	П	И	Я	Ъ	Н	Г	Я
Ж	Ы	А	С	Т	Т	Ф	В	Н	О	Н	Г	Г	П
А	Ч	Я	Т	Я	Ъ	О	Б	З	К	Н	И	Г	И
Е	Ц	Х	И	Л	В	П	П	Д	Р	Н	Ш	Б	Л
М	Р	В	Ч	Ф	Ы	Д	Ф	И	Х	Ы	О	Ь	Л
Ы	Ю	Щ	Н	М	И	Р	К	А	Я	Г	В	Р	Ю
Й	Ц	Ш	Ы	А	Т	О	М	Н	Ы	Й	Ч	Ъ	З
Х	С	Ш	Й	Г	А	Л	А	К	Т	И	К	А	И
Я	Я	В	Г	Р	О	Б	О	Т	Ы	И	К	Д	Я

АТОМНЫЙ	ОРАКУЛ
КИНО	ПЛАНЕТА
КНИГИ	РЕАЛИСТИЧНЫЙ
ОГОНЬ	РОБОТЫ
ВООБРАЖАЕМЫЙ	СЦЕНАРИЙ
АНТИУТОПИЯ	ГАЛАКТИКА
ВЗРЫВ	ТЕХНОЛОГИЯ
ИЛЛЮЗИЯ	УТОПИЯ
КЛОНЫ	МИР

64 - Regenwoud

```
Ю М С Ш Л Л П Ъ Б А Щ Ж Ш Ш
В Ш Ж Ц Е У К Т М Ю К Р Ъ Ь
Я Д Ж У Н Г Л И И Ъ Ч В У Ц
М М Л В И Д И Е Ж Ц Ж Ь Ц Е
С Е Р А Е Г М О Х Г Ы Щ Д Т
О Л Я Ж Г Ы А О Б Л А К А Р
Х Т Я Е Ц Ф Т У С А Я Л Я Щ
Р У П Н И М Ц Б Б Ю Д П Г В
А М Ф И Б И И С Ц Е Н Н Ы Й
Н А С Е К О М Ы Е П Ж С Е Р
Е Р А З Н О О Б Р А З И Е Н
Н П Р И Р О Д А Е Ч У Ы Щ О
И Б О Т А Н И Ч Е С К И Й Е
Е Щ Ф Н С О О Б Щ Е С Т В О
```

АМФИБИИ	МОХ
СОХРАНЕНИЕ	ПРИРОДА
БОТАНИЧЕСКИЙ	УВАЖЕНИЕ
РАЗНООБРАЗИЕ	ВИД
СООБЩЕСТВО	УБЕЖИЩЕ
НАСЕКОМЫЕ	ПТИЦЫ
ДЖУНГЛИ	ЦЕННЫЙ
КЛИМАТ	ОБЛАКА

65 - Haartypes

```
Ш С К О Р И Ч Н Е В Ы Й С С
Б У П Ц Д О А У Т Ж С Б Е Е
Ш Х М Ц Д С Л Г К К К Л Р Р
К О Р О Т К А Я У У А О Ы Е
П Й Т О Н К И Й Д Д Л Н Й Б
Д Л Ш О Ы Ч У Ж Р Р Ь Д Е Р
М Л Е Т Л Я Т Г Я И П И Ы О
Я Ы И Т И С Ж Ц В Е Т Н О Й
Г С Д Н Е О Т Ж Ы Б Е Л Ы Й
К Ы К Ж Н Н Ъ Ы Й Х Б С Ф Ы
И Й Ъ Б Д Ы Ы П Й Ш С Е И Ч
Й Ч Е Р Н Ы Й Й Ю С Ъ Ь У Ю
З Д О Р О В Ы Й Ц О А Ю Х Ю
К Б Л Е С Т Я Щ И Й С Х Г Ц
```

БЛОНДИН	СКАЛЬП
КОРИЧНЕВЫЙ	ЛЫСЫЙ
ТОЛСТЫЙ	КОРОТКАЯ
СУХОЙ	КУДРИ
ТОНКИЙ	КУДРЯВЫЙ
ЦВЕТНОЙ	ДЛИННЫЙ
ПЛЕТЕНЫЙ	БЕЛЫЙ
ЗДОРОВЫЙ	МЯГКИЙ
БЛЕСТЯЩИЙ	СЕРЕБРО
СЕРЫЙ	ЧЕРНЫЙ

66 - Stad

```
З Б С К И Н О Ы Ф М Я Р Л Е
О Б Т Л М К Г Ы Ф Ч У Ы Щ А
О И А И Ц К А П Н Ю Я З Н Ю
П Б Д Н Т Ф Л О Р И С Т Е С
А Л И И К Ж Е Т Б П У И Ы Й
Р И О К Л О Р Е С Т О Р А Н
К О Н А Я Х Е Л Ш К О Л А Р
Я Т Ж Ю А У Я Ь Р Ы Н О К Н
Н Е Ч Щ Т В Ь Х Ф Ф Т Р Ж Ю
Ж К С У П Е Р М А Р К Е Т И
В А П Т Е К А Э Р О П О Р Т
М А Г А З И Н Т У Х Ш Р В Б
Ю Ъ В Б П Е К А Р Н Я Р Л Ъ
У Н И В Е Р С И Т Е Т Г А Г
```

АПТЕКА	АЭРОПОРТ
ПЕКАРНЯ	РЫНОК
БАНК	МУЗЕЙ
БИБЛИОТЕКА	РЕСТОРАН
КИНО	ШКОЛА
ФЛОРИСТ	СТАДИОН
ЗООПАРК	СУПЕРМАРКЕТ
ГАЛЕРЕЯ	ТЕАТР
ОТЕЛЬ	УНИВЕРСИТЕТ
КЛИНИКА	МАГАЗИН

67 - Natuur

```
Т Л Б С К А Л Ы Р Х Р С Ъ А
У И Ы Е С Ю Ы Ж Е Ж Ц В Ж Р
М С У Ф З В Г О К Т А Я М К
А Т У Е Ц М Т О А Г Г Т П Т
Н В М К Э Х Я А А Г Р И У И
Б А Ь Р Р Т Г Т А Ц П Л С Ч
К Р В А О Ы Д О Е Ъ Ы И Т Е
И Е Я Г З Л Т М Р Ж Ш Щ Ы С
Л П Ж Л И Б О И Л Ы Н Е Н К
Е Р Л Щ Я Д Л Я Е К К Ы Я И
Д Т Р О П И Ч Е С К И Й Й Й
Н Е Ь Р С К Ц Щ Ш П Ч Е Л Ы
И Ш Ь Ж Ж И В О Т Н Ы Е П Я
К Я С Ф Д Й К Р А С О Т А К
```

АРКТИЧЕСКИЙ	СКАЛЫ
ГОРЫ	ТУМАН
ПЧЕЛЫ	РЕКА
ЛЕС	КРАСОТА
ЖИВОТНЫЕ	УКРЫТИЕ
ЭРОЗИЯ	БЕЗМЯТЕЖНЫЙ
ЛИСТВА	ТРОПИЧЕСКИЙ
ЛЕДНИК	ДИКИЙ
СВЯТИЛИЩЕ	ПУСТЫНЯ

68 - Dinosaurussen

```
И С К О П А Е М Ы Е Р О Г Ч
С Ы Ъ Н Ш И Ы Ж Х Е Е Ы Я А
Ч С Я А У Ш Н К В П П О Ш К
Е Н Р К А Г Г Ь О П Т Я Б Ъ
З Т М О Щ Н Ы Й С Г И Я Б Б
Н Р А З М Е Р Т Т Ф Л Б О Щ
О А М К Ц Р П В Щ И И Щ Л Л
В В О Г Р О М Н Ы Й Я Р Ь З
Е О Н П О Р О Ч Н Ы Й К Ш Е
Н Я Т Э В О Л Ю Ц И Я Р О М
И Д Я А И В С Е Я Д Н Ы Й Л
Е Н Ф Н Д Ь О У В М Щ Л Т Я
Д О Б Ы Ч А М Ф Ь Ъ Ф Ь К Ы
И Е Т Ы П В И Ю Т Ж Ф Я Ч П
```

ЗЕМЛЯ	ВСЕЯДНЫЙ
ОГРОМНЫЙ	ДОБЫЧА
ЭВОЛЮЦИЯ	РЕПТИЛИЯ
ИСКОПАЕМЫЕ	ВИД
БОЛЬШОЙ	ХВОСТ
РАЗМЕР	ИСЧЕЗНОВЕНИЕ
ТРАВОЯДНОЕ	ПОРОЧНЫЙ
МОЩНЫЙ	КРЫЛЬЯ
МАМОНТ	

69 - Zoogdieren

```
Г Ж И Р А Ф О О Т С Л Ъ П Щ
Ю О Б Е З Ь Я Н А А И Б Ы С
Я И Р Д Е Л Ь Ф И Н С Щ Щ К
Д Р Щ И Н Ш М А Ч Е А Ъ М Л
У Е Б С Л О Н Ш Л О Ш А Д Ь
Ц У О С Е Л О Р Е Ж Д М Ь Ш
В М Б Ы К Ю А О В Я Щ Ш Г М
Ш Е Р М И К О З А В О Л К Н
К К Р Ы Т Н О К Е Н Г У Р У
Р Р Ю Б Ы И Щ Й С О Б А К А
О И Ц У Л Х Ы Ю О Ш К Ь О И
Л Л К В М Ю О Ф Х Т Я П Ш Ю
И К Р Д И М Д Ж М Щ Р Ш К Б
К Ь Ы И Х Т Б Л В Ь Н М А О
```

ОБЕЗЬЯНА	КЕНГУРУ
БОБР	КОШКА
КОЙОТ	КРОЛИК
ДЕЛЬФИН	ЛЕВ
ОСЕЛ	СЛОН
КОЗА	ЛОШАДЬ
ЖИРАФ	БЫК
ГОРИЛЛА	ЛИСА
СОБАКА	КИТ
ВЕРБЛЮД	ВОЛК

70 - 1 Jaar Geleden

```
Т  К  С  О  Ч  П  Х  Ь  Е  Ь  Х  П  Л  О
Х  Ф  Х  Ф  И  Т  У  Е  Г  Ш  М  Р  Ю  М
О  Ь  П  Е  С  О  Х  М  К  Ш  Г  А  Б  А
Р  Е  Ш  И  Т  Е  Л  Ь  Н  Ы  Й  К  О  Ф
О  С  Ь  П  Ы  А  Ц  Т  А  Ы  Ы  Т  П  С
Ш  Т  К  Ы  Й  В  Л  Ь  Д  Ь  Й  И  Ы  Т
И  Щ  Ш  Р  П  А  Ц  И  Е  Н  Т  Ч  Т  Р
Й  Ь  Е  У  О  П  Ж  Ю  Ж  Ы  Д  Е  Н  А
Р  Л  Т  Д  Ю  М  И  Ш  Н  О  Д  С  Ы  С
Г  Я  Я  Ш  Р  Ц  Н  К  Ы  Ц  Ф  К  Й  Т
К  Н  Ш  А  Щ  Ы  Ч  Ы  Й  Д  Ь  И  Ь  Н
Д  В  Ф  А  П  А  Й  Х  Й  Ч  Г  Й  С  Ы
М  У  Д  Р  Ы  Й  С  М  Е  Ш  Н  О  Й  Й
Н  Е  З  А  В  И  С  И  М  Ы  Й  Д  С  Ц
```

СКРОМНЫЙ	УМНЫЙ
РЕШИТЕЛЬНЫЙ	ЛЮБОПЫТНЫЙ
НАДЕЖНЫЙ	НЕЗАВИСИМЫЙ
СТРАСТНЫЙ	ПАЦИЕНТ
ХОРОШИЙ	ПРАКТИЧЕСКИЙ
СМЕШНОЙ	ЧИСТЫЙ
ЩЕДРЫЙ	МУДРЫЙ

71 - Kampioenschap

М	П	С	У	Д	Ь	Я	Г	С	В	Ч	Я	Ж	Ь
Щ	О	С	П	О	Р	Т	И	В	Н	Ы	Й	Ж	Ъ
Н	Б	Т	У	Р	Н	И	Р	М	Б	Я	Ы	Н	Ц
Е	Е	Ч	И	И	Г	Р	Ы	Ы	Я	Т	Т	Д	Ш
О	Д	А	Е	В	Д	Ы	Ш	А	Т	Ь	Ц	Б	А
Ы	А	Е	Ю	М	А	Ъ	М	И	Ф	Х	У	П	Р
Я	Н	Г	В	Н	П	Ц	Ц	Ф	Я	М	М	Т	Ь
Л	Ъ	Ц	Ь	К	Ж	И	И	М	О	Ъ	Е	Р	Ч
Ы	И	Ы	Н	Ц	Г	Ь	О	Я	Щ	К	Д	Е	Е
П	С	Г	Б	У	И	Ф	Б	Н	Я	Д	А	Н	М
Ф	И	Н	А	Л	И	С	Т	Ч	А	В	Л	Е	П
К	О	М	А	Н	Д	А	М	А	В	Т	Ь	Р	И
П	Р	Е	Д	С	Т	А	В	Л	Е	Н	И	Е	О
С	Т	Р	А	Т	Е	Г	И	Я	В	А	О	К	Н

ДЫШАТЬ	ПРЕДСТАВЛЕНИЕ
ФИНАЛИСТ	СУДЬЯ
ИГРЫ	СПОРТИВНЫЙ
ЧЕМПИОН	СТРАТЕГИЯ
ЧЕМПИОНАТ	КОМАНДА
ЛИГА	ТУРНИР
МЕДАЛЬ	ТРЕНЕР
МОТИВАЦИЯ	ПОБЕДА

72 - Voertuigen

```
Ч Ж Ц М Б А В Т О Б У С Н Я
И Е Ь Г П Ч В Ц Ж Ш Л Ы А Д
А Х Л Я А Я К Е Л Д Ш А Ч П
Р Р Ю Н Р Г К А Р А В А Н О
Ч Т М М О Т О Р А Т Ъ А П Е
Ф Р Ь С М К С Ъ Ш Ж О Г В З
У А В Т О М О Б И Л Ь Л Ъ Д
Р К Ш Я Л Е Н Т Н У У Щ Е К
Г Т Ш П Л Т Г А Ы И М Ю Ш Т
О О Н Ч Л Р Б К С К У Т Е Р
Н Р Ц П Ш О Г С Р А К Е Т А
С А М О Л Е Т И Л О Д К А Н
Ь Т В Е Л О С И П Е Д Я Ф Н
А Г Р У З О В И К Т С Ф А Д
```

АВТОМОБИЛЬ	РАКЕТА
ШИНЫ	СКУТЕР
ФУРГОН	ЧЕЛНОК
ЛОДКА	ТАКСИ
АВТОБУС	ТРАКТОР
КАРАВАН	ПОЕЗД
ВЕЛОСИПЕД	ПАРОМ
ВЕРТОЛЕТ	САМОЛЕТ
МЕТРО	ПЛОТ
МОТОР	ГРУЗОВИК

73 - Geografie

```
Л Ю В Я У Ю В Е Д П А Ф Ч Щ
Ь Ъ Ы Ы Я Г О Р О Д Р Х П Б
Ш К С Е В Е Р С С М П Е Ы Х
Ч О О Ы Ф С Е П Т Е П С Е В
Ж Г Т Ы Ъ А Г О Р Р Д У И Ъ
Ш К А Р Т А И Л А И О Ш Я У
Ж И Щ Ы Ы Т О У Н Д Д В Ф Б
Я Ф Р Р Е Л Н С А И Т Ч Л У
Х Б Г О Р А Ф Г А Б Л С Ж
Б Ю Ж К Т С Ч Е Б Н М Ъ Ю З
П К Р Е К А А Р Е Я О И К А
Д О О А Э К В А Т О Р Р Р П
Б Щ Ф Н С П А Я К О Е Щ Х А
К О Н Т И Н Е Н Т И О Г Ц Д
```

АТЛАС	МЕРИДИАН
ГОРА	СЕВЕР
ШИРОТА	ОКЕАН
КОНТИНЕНТ	РЕГИОН
ОСТРОВ	РЕКА
ЭКВАТОР	ГОРОД
ПОЛУСФЕРА	МИР
ВЫСОТА	ЗАПАД
КАРТА	МОРЕ
СТРАНА	ЮГ

74 - Kunstbenodigdheden

А	Г	Б	Ц	О	К	С	Ы	Ц	Е	Х	Ц	М	Б
К	К	У	У	Е	Ж	Щ	А	Ь	В	Я	Щ	Р	Я
В	В	М	П	А	С	Т	Е	Л	И	Е	Х	Ю	Г
А	К	А	М	Е	Р	А	Ж	Ц	Ы	С	Т	О	Л
Р	К	Г	Л	А	С	Т	И	К	К	Т	Л	А	И
Е	Л	А	Б	У	И	Ч	М	Ф	А	У	П	В	Н
Л	Е	В	О	Д	А	Т	Е	А	Р	Л	П	Д	А
И	Й	Л	Ю	М	А	Е	К	Р	А	С	К	И	У
А	К	Р	И	Л	О	В	Ы	Й	Н	В	К	Е	Г
С	Б	Р	Х	Р	Щ	А	Н	П	Д	И	Ю	А	О
М	О	Л	Ь	Б	Е	Р	Т	М	А	С	Л	О	Л
П	А	Д	И	Б	Т	Щ	Б	Ь	Ш	Ъ	Ч	А	Ь
Б	Л	Ж	Ъ	Х	К	Е	Ж	Ы	И	У	Ь	Ш	О
К	Р	Е	А	Т	И	В	Н	О	С	Т	Ь	Г	Р

АКРИЛОВЫЙ	ЦВЕТА
АКВАРЕЛИ	КЛЕЙ
ЩЕТКИ	МАСЛО
КАМЕРА	БУМАГА
КРЕАТИВНОСТЬ	ПАСТЕЛИ
МОЛЬБЕРТ	КАРАНДАШИ
ЛАСТИК	СТУЛ
УГОЛЬ	СТОЛ
ЧЕРНИЛА	КРАСКИ
ГЛИНА	ВОДА

75 - Barbecues

Д	К	Ю	К	К	В	Ш	Г	О	Ь	Ь	М	Ж	Д
С	Е	Ч	У	К	Щ	И	О	Б	Е	Д	Л	У	К
А	Ф	Т	Р	С	П	Т	Л	Р	П	Л	Е	Т	О
Л	Р	Щ	И	С	Е	Ы	О	К	Р	Ъ	Ф	К	Х
А	У	Ю	Ц	Н	Р	М	Д	В	И	Т	У	О	Л
Т	К	У	А	О	Е	У	Ь	Ъ	Г	А	Г	Ж	Ж
Ы	Т	Н	К	Ж	Ц	З	Ш	Я	Л	Д	Щ	М	Ц
М	Ю	Я	Ч	И	Я	Ы	Ж	Г	А	Ь	Т	М	О
Г	Р	И	Л	Ь	О	К	С	Ч	Ш	Г	Ц	Д	Б
Ы	Р	Ю	Е	Ы	В	А	Ж	А	Е	И	А	Т	Ч
П	О	М	И	Д	О	Р	Ы	Н	Н	О	С	С	Б
Ы	С	Щ	Ф	Ж	Щ	Х	Е	Ю	И	С	О	У	С
Г	О	Р	Я	Ч	И	Й	Ж	Щ	Е	Б	Л	Б	Н
Л	Ю	К	В	К	Е	И	И	И	А	Х	Ь	Я	Ы

ОБЕД	МУЗЫКА
СЕМЬЯ	ПЕРЕЦ
ФРУКТ	САЛАТЫ
ГРИЛЬ	СОУС
ОВОЩИ	ПОМИДОРЫ
ГОРЯЧИЙ	ЛУК
ГОЛОД	ПРИГЛАШЕНИЕ
ДЕТИ	ВИЛКИ
КУРИЦА	ЛЕТО
НОЖИ	СОЛЬ

76 - Wetenschappelijke Discip

```
А С Т Р О Н О М И Я Ф Я Я Ж
Н Н И Б У А Я И Щ А Ч В П Ы
А Е М О П Х Ь Ц Щ Р Б Л С А
Т В М Т И В Ж Ь О Х И М И Я
О Р У А Т Н Ф Ъ И Е О Д Х Ф
М О Н Н А Б К Ж У О Л П О И
И Л О И Н Щ И Ж Б Л О М Л З
Я О Л К И М Ъ О В О Г Е О И
О Г О А Е Х Х Е Х Г И Х Г О
Ф И Г Э К О Л О Г И Я А И Л
Х Я И Г Х Р Д Л И Я М Н Я О
Н Ь Я Щ Ы Г Е О Л О Г И Я Г
С О Ц И О Л О Г И Я Ш К Я И
М И Н Е Р А Л О Г И Я А К Я
```

АНАТОМИЯ	ИММУНОЛОГИЯ
АРХЕОЛОГИЯ	МЕХАНИКА
АСТРОНОМИЯ	МИНЕРАЛОГИЯ
БИОХИМИЯ	НЕВРОЛОГИЯ
БИОЛОГИЯ	БОТАНИКА
ХИМИЯ	ПСИХОЛОГИЯ
ЭКОЛОГИЯ	СОЦИОЛОГИЯ
ФИЗИОЛОГИЯ	ПИТАНИЕ
ГЕОЛОГИЯ	

77 - Bijvoeglijke Naamwoorden

```
П Р О Д У К Т И В Н Ы Й Ш О
Ъ С А У Т Е Н Т И Ч Н Ы Й П
О Т Ж О С Б О Е Ъ Ы О З Ы И
Ч И С Т Ы Й В Ъ Д Ц Р Д У С
Ц С И Л Ь Н Ы Й Я П М О Л А
Р Ъ Х Б Х У Й Р Т Ж А Р Г Т
Т В О Р Ч Е С К И Й Л О О Е
С О Н Н Ы Й Р Ч Щ Щ Ь В Л Л
У Б Г У С Т А Л Ы Й Н Ы О Ь
Ы В Ч О Д А Р Е Н Н Ы Й Д Н
И Н Т Е Р Е С Н Ы Й Й Ф Н Ы
Ы У Л Ю Г Д И К И Й Л Е Ы Й
Ч Х Ф Г Ы С Ы Д Е Л Ъ А Й Ы
С О Л Е Н Ы Й Й К Я У Ь Ж А
```

АУТЕНТИЧНЫЙ	НОРМАЛЬНЫЙ
ОДАРЕННЫЙ	ПРОДУКТИВНЫЙ
ОПИСАТЕЛЬНЫЙ	СОННЫЙ
ТВОРЧЕСКИЙ	СИЛЬНЫЙ
ЗДОРОВЫЙ	ГОРДЫЙ
ГОЛОДНЫЙ	ДИКИЙ
ИНТЕРЕСНЫЙ	СОЛЕНЫЙ
УСТАЛЫЙ	ЧИСТЫЙ
НОВЫЙ	

78 - Kleding

В	Х	Ф	Ш	Ю	П	О	Я	С	Ш	Е	П	Б	С
И	Ь	А	Ж	Х	Е	Б	Г	Д	А	Ш	Е	Р	В
Г	Я	Р	У	Б	А	Ш	К	А	Р	Л	Р	Ю	И
Р	Р	Т	Ь	Щ	П	Т	К	Ъ	Ф	П	Ч	К	Т
Б	Л	У	З	А	Л	Ж	Ш	Д	С	А	А	И	Е
Ч	К	К	Н	М	Ш	Л	Я	П	А	Л	Т	Я	Р
О	Ж	Е	Р	Е	Л	Ь	Е	Ж	Х	Ь	К	Г	М
К	Б	Щ	Н	Е	Н	Г	Ю	Ы	Б	Т	И	Ц	М
Т	У	У	Я	О	Ы	Ю	Р	Н	Р	О	П	П	О
Ы	Л	Р	В	О	С	А	Н	Д	А	Л	И	И	Д
П	Л	А	Т	Ь	Е	К	Б	Ю	С	П	Ж	Щ	А
Ч	Ы	Г	Х	К	Г	Л	И	Б	Л	К	А	Н	Б
Б	Б	С	В	Л	А	Ы	Л	К	Е	У	М	Щ	Н
У	И	Д	У	Т	Я	У	В	А	Т	Ю	А	Б	Н

БРАСЛЕТ	ПИЖАМА
БЛУЗА	ПОЯС
БРЮКИ	ЮБКА
ПЕРЧАТКИ	САНДАЛИИ
ШЛЯПА	ОБУВЬ
ПАЛЬТО	ФАРТУК
КУРТКА	РУБАШКА
ПЛАТЬЕ	ШАРФ
ОЖЕРЕЛЬЕ	НОСКИ
МОДА	СВИТЕР

79 - Vliegtuigen

П	З	А	П	У	С	К	Т	В	О	З	Д	У	Х
У	В	Ф	А	Д	Т	П	М	О	Ы	Г	Ж	Т	А
С	Н	Ъ	С	А	Р	М	Н	Ь	П	С	Ы	Х	У
П	И	У	С	П	О	П	Р	П	Н	Л	О	В	Ф
У	С	А	А	Ы	И	Р	П	О	Н	С	И	Т	Б
С	Т	А	Ж	Ч	Т	И	Р	С	Я	Ю	А	В	А
К	О	Ю	И	С	Е	К	О	А	И	Ь	Т	В	О
Ю	Р	Ц	Р	Г	Л	Л	П	Д	Н	Д	М	О	Ч
П	И	Л	О	Т	Ь	Ю	Е	К	Э	К	О	Д	Е
П	Я	И	Я	Ъ	С	Ч	Л	А	К	Н	С	О	Р
Д	В	И	Г	А	Т	Е	Л	Ь	И	Е	Ф	Р	Ф
Н	Ш	Д	Ь	Г	В	Н	Е	Ь	П	Б	Е	О	Л
Ч	У	О	Р	А	О	И	Р	Ъ	А	О	Р	Д	К
Д	И	З	А	Й	Н	Е	Ы	Ю	Ж	Ы	А	Г	Ю

СПУСК   ЗАПУСК
АТМОСФЕРА   ПОСАДКА
ПРИКЛЮЧЕНИЕ   ВОЗДУХ
ЭКИПАЖ   ДВИГАТЕЛЬ
СТРОИТЕЛЬСТВО   ДИЗАЙН
ТОПЛИВО   ПАССАЖИР
ИСТОРИЯ   ПИЛОТ
НЕБО   ПРОПЕЛЛЕРЫ
ВЫСОТА   ВОДОРОД

80 - Herbalisme

```
К У Л И Н А Р Н Ы Й У Е Ж П
К О Р Е Г А Н О З Ц Ф Р В Е
А Р О М А Т И Ч Е С К И Й Т
Ш А Ф Р А Н Б Е Л Ъ А И К Р
Ц В Е Т О К Р С Е Р Ч Н Ч У
Е К Я К М Б Г Н Н П Е Г В Ш
Д У Ф К С А Д О Ы Ш С Р Т К
У С Х Д Ц З Й К Й Л Т Е И А
П К Т Н Ы И Н О А А В Д М Л
Л П Р Ч Ш Л Ч Ц Р В О И Ь Б
Ф Я К О Ф И Ч М Р А А Е Я У
Щ Л В Л П К Л Ч У Н Н Н Н Я
Р О З М А Р И Н Ц Д Р Т С Т
Э С Т Р А Г О Н Ц А И М Я Д
```

АРОМАТИЧЕСКИЙ	ЛАВАНДА
БАЗИЛИК	МАЙОРАН
ЦВЕТОК	ОРЕГАНО
КУЛИНАРНЫЙ	ПЕТРУШКА
УКРОП	РОЗМАРИН
ЭСТРАГОН	ШАФРАН
ЗЕЛЕНЫЙ	ВКУС
ИНГРЕДИЕНТ	ТИМЬЯН
ЧЕСНОК	САД
КАЧЕСТВО	

81 - Piraten

```
Э К И П А Ж А Ы Ф Л А Г У Я
Ю А Ш З Р О К У Г Н И Х Ы К
Х П Р О М И П Н Л Ы П И К О
Ш И А Л Е М К А Л Я Ы М О Р
Ц Т М О Ч П Е Л С Ь Л К М Ь
К А Р Т А Ь П Ю Ю Н Р Л П У
О Н П О Ъ Н Е Б Ы Ч О Ч А Д
П Л О Х О Й Щ Р С Я Е С С М
Ж К П Ч Е Б Е Е М Б Ю Н Т Ш
Ю Н У О С Т Р О В Л А О И Ь
Л Е Г Е Н Д А П О К Е А Н Е
Ц К А Ю Н Ф Я Ы Л А Ю Ы Ь Ж
Я Г Й Л Ц К С Н Ы Я Ш К Я Ш
С О К Р О В И Щ Е Л Ж Ц Ю О
```

ЯКОРЬ	ЛЕГЕНДА
ПРИКЛЮЧЕНИЕ	ШРАМ
ЭКИПАЖ	ОКЕАН
ОСТРОВ	ПОПУГАЙ
ОПАСНОСТЬ	РОМ
ЗОЛОТО	СОКРОВИЩЕ
ПЕЩЕРА	ПЛОХОЙ
КАРТА	ПЛЯЖ
КАПИТАН	ФЛАГ
КОМПАС	МЕЧ

82 - Om in te Vullen

```
Щ А М Ы Ф К Щ Е Х Б У О А С
Ц С К Я Ъ Т А Ч Е М О Д А Н
Ш О Т Б О К Д Р А Р Х Ч П У
Ч П Ы Г Ж Ш А Г М Т Г П К П
Р Б Ъ У А Ф Н Т Л А М Я А А
Т Ж К О Д П А К Е Т Н Ц Р М
В Е Д Р О Б А Н К А И С Т М
Ъ П Я Ш Т К А П Ы Ы Р Ъ О Н
Ч У Я Ы М О С Д К В Р О Н Ы
К О Р З И Н А А С А Г В Г Г
Г Ч Х Е Т В Б У Т Ы Л К А Д
Р Б А С С Е Й Н О Ч Д П М Ы
Р Б М К О Р О Б К А В А З А
Л О Т О К Т Р У Б К А Ч О Е
```

БАССЕЙН	ЧЕМОДАН
ТРУБКА	КОРЗИНА
ЛОТОК	ПАПКА
КОРОБКА	ПАКЕТ
ВЕДРО	БАНКА
КОНВЕРТ	ВАЗА
БУТЫЛКА	БОЧКА
КАРТОН	КАРМАН

83 - Surfen

П	С	О	Ж	С	И	Л	А	Т	В	Е	С	Л	О
О	П	К	Ь	К	Д	И	Б	Ъ	О	Б	У	Л	Ж
П	О	Е	С	О	Ч	Я	К	А	Р	Л	Я	Я	Л
У	Р	А	А	Р	И	Ф	Ц	Н	Х	У	П	Я	Д
Л	Т	Н	В	О	И	П	Е	Н	А	А	О	Ы	Р
Я	С	Е	О	С	Ы	О	С	Я	Ф	Д	Щ	Ы	И
Р	М	К	Л	Т	Ы	Г	Ч	Е	М	П	И	О	Н
Н	Е	Р	Н	Ь	О	О	С	П	Р	Л	К	Р	В
Ы	Н	Л	А	Л	Р	Д	Д	Т	Г	Я	Д	М	Е
Й	О	Ы	П	О	К	А	Ы	Р	И	Ж	Т	Г	С
Ж	Е	Л	У	Д	О	К	Б	У	Ш	Л	Ы	Д	Е
Г	Г	П	Л	А	В	А	Т	Ь	Ы	А	Ь	Б	Л
Э	К	С	Т	Р	Е	М	А	Л	Ь	Н	Ы	Й	Ь
Н	А	Ч	И	Н	А	Ю	Щ	И	Й	Ж	Ч	Д	Е

СПОРТСМЕН
НАЧИНАЮЩИЙ
ЭКСТРЕМАЛЬНЫЙ
ВОЛНА
ЧЕМПИОН
СИЛА
ЖЕЛУДОК
ТОЛПЫ
ОКЕАН
ВЕСЛО

ВЕСЕЛЬЕ
ПОПУЛЯРНЫЙ
РИФ
ПЕНА
СКОРОСТЬ
СТИЛЬ
ПЛЯЖ
ПОГОДА
ПЛАВАТЬ

84 - Rijden

Б	Д	О	Р	О	Г	А	П	Ь	Ч	Я	Щ	Н	А
Е	Ф	А	Т	К	Ж	П	М	О	Т	О	Р	Х	В
З	Л	В	Щ	Т	У	Н	Н	Е	Л	Ь	Ш	Л	А
О	И	Т	Ь	О	К	Г	С	Х	В	И	Г	Ф	Р
П	Г	О	Т	П	Ж	А	Г	А	З	У	Ц	Е	И
А	Р	М	О	Л	Я	Р	Р	Г	Т	Щ	Щ	И	Я
С	У	О	Р	И	Е	А	Ь	Т	Л	Д	О	Ц	Я
Н	З	Б	М	В	Х	Ж	И	Ч	А	В	О	Е	П
О	О	И	О	О	М	О	Т	О	Ц	И	К	Л	Е
С	В	Л	З	Ъ	У	Ы	В	Ъ	Р	Ж	У	А	Ш
Т	И	Ь	А	Ш	Б	Л	В	Р	П	Е	Х	О	Е
Ь	К	И	К	Я	К	Ю	И	Л	П	Н	Д	М	Х
С	К	О	Р	О	С	Т	Ь	Ц	Ч	И	К	Ы	О
О	П	А	С	Н	О	С	Т	Ь	А	Е	Д	В	Д

АВТОМОБИЛЬ
ТОПЛИВО
ГАРАЖ
ГАЗ
ОПАСНОСТЬ
КАРТА
МОТОР
МОТОЦИКЛ
АВАРИЯ
ПОЛИЦИЯ

ТОРМОЗА
СКОРОСТЬ
УЛИЦА
ТУННЕЛЬ
БЕЗОПАСНОСТЬ
ДВИЖЕНИЕ
ПЕШЕХОД
ГРУЗОВИК
ДОРОГА

85 - Wetenschap

```
Ч Ч В Ю Ъ Р Е Г У И Л П Г Х
Н А Х Ь Б Ъ В Л Ч С А Р И И
Ю А С Д А Н Н Ы Е К Б И П М
И Ж Б Т Д Н Р Г Н О О Р О И
Ь Б Д Л И Ф П Ж Ы П Р О Т Ч
Э В О Л Ю Ц И Я Й А А Д Е Е
Б Ч О Я Ы Д Ы А Х Е Т А З С
У А Ф Л В Ъ Е В С М О О А К
Ф И З И К А Ч Н Г О Р К М И
М О Л Е К У Л Ы И Е И Л М Е
М И Н Е Р А Л Ы О Е Я И Е Ф
С А И Т О Р Г А Н И З М Т А
Э К С П Е Р И М Е Н Т А О К
Г Р А В И Т А Ц И Я Р Т Д Т
```

АТОМ	ЛАБОРАТОРИЯ
ХИМИЧЕСКИЕ	МЕТОД
ЧАСТИЦЫ	МИНЕРАЛЫ
ЭВОЛЮЦИЯ	МОЛЕКУЛЫ
ЭКСПЕРИМЕНТ	ПРИРОДА
ФАКТ	ФИЗИКА
ИСКОПАЕМОЕ	НАБЛЮДЕНИЕ
ДАННЫЕ	ОРГАНИЗМ
ГИПОТЕЗА	УЧЕНЫЙ
КЛИМАТ	ГРАВИТАЦИЯ

86 - Badkamer

М	Ы	Л	О	Н	Д	В	Р	Ь	Л	П	Щ	З	В
Ш	Я	Ч	Т	Ф	Ь	Г	Р	К	О	О	Ш	Е	А
Т	А	М	Ц	Ю	К	Т	Ц	Р	С	Л	Б	Р	Н
Щ	Е	М	Б	Д	Ы	Д	К	А	Ь	О	Я	К	Н
Н	Т	Ю	П	Н	Д	Ъ	Л	Н	О	Т	Ю	А	А
Е	Т	Е	А	У	Ц	Н	Ш	О	Н	Е	Ъ	Л	Л
В	Х	У	Р	К	Н	Я	У	Ж	П	Н	П	О	Ш
Ц	О	У	А	Ю	Д	Ь	Ц	Н	Е	Ц	У	Ы	Ю
Л	К	Д	Я	Л	Ц	Д	Ы	И	Я	Е	З	Ц	К
В	Т	Ь	А	В	Е	Ф	С	Ц	Р	М	Ы	Ю	Ъ
Ю	Ф	В	А	О	Ю	Т	М	Ы	В	М	Р	Д	Ь
И	Ю	Д	Р	Ъ	Ч	Ш	А	В	Ш	М	И	Е	Н
Д	Г	У	Б	К	А	К	О	В	Р	И	К	И	Ы
Ь	Е	Ш	Д	У	Х	И	Ш	И	М	В	В	Я	Ш

ВАННА	ШАМПУНЬ
ПУЗЫРИ	ЗЕРКАЛО
ДУШ	ГУБКА
ПОЛОТЕНЦЕ	ПАР
КРАН	КОВРИК
ЛОСЬОН	ВОДА
ДУХИ	ТУАЛЕТ
НОЖНИЦЫ	МЫЛО

87 - Hulpmiddelen

```
Л  И  Р  В  К  Б  Т  Р  И  Щ  В  Н  Б  П
Л  Е  С  Т  Н  И  Ц  А  Ь  Г  Н  О  Р  Р
П  Л  О  С  К  О  Г  У  Б  Ц  Ы  Ж  И  А
В  И  Н  Т  С  С  И  Ю  У  Ю  Ы  Н  Т  В
С  Е  М  В  Т  О  Ц  А  Т  Ь  И  В  И
Я  Т  Р  О  О  Д  Х  Я  Ц  Ъ  Н  Ц  А  Т
Г  К  Е  Е  Щ  В  Ц  Е  Ф  И  У  Ы  Н  Е
Л  Ъ  Г  П  В  Х  Ж  М  А  Г  Ж  Д  Х  Л
О  У  И  П  Л  К  Х  О  К  Л  Е  Й  Л  Ь
П  Д  И  О  Ф  Е  А  Л  Е  Т  О  П  О  Р
А  И  Щ  Г  Г  Н  Р  О  Л  У  И  В  О  Ц
Т  К  О  Л  Е  С  О  Т  К  А  Б  Е  Л  Ь
А  Б  В  Т  Е  Ф  Ж  О  Н  О  Ж  С  Т  Б
И  С  Ж  Г  Ъ  Ъ  К  К  Л  Ц  Г  К  К  Р
```

ТОПОР	СТЕПЛЕР
ФАКЕЛ	НОЖНИЦЫ
МОЛОТОК	БРИТВА
ПРАВИТЕЛЬ	ЛОПАТА
КАБЕЛЬ	ВИНТ
ЛЕСТНИЦА	ПЛОСКОГУБЦЫ
КЛЕЙ	ВЕРЕВКА
НОЖ	КОЛЕСО

88 - Speelgoed

```
С Ш Ы В К Р А С К И Т Б В Г
Т А Х Е У У Ж Ь Д Я Л А О А
Ф Х М Л К И К Ш Ц Ч Б Р О В
Ф М Б О Я И Г Л И Н А А Б Т
Ш А М С Л Ц Е Д А Ы Ъ Б Р О
К Т Ш И П Е К Н И Г И А А М
Ъ Ы Ч П О Р Т Р Г Т Ф Н Ж О
Г Р Ш Е Е Е Т Л Р Щ Я Ы Е Б
Р М А Д З М Л Ю Ы И Т Д Н И
К О Ф Ж Д Е О Б М Ы Т Х И Л
У Ь Б П Т С Д И Ц У Ш Ь Е Ь
Ь В П О Ь Л К М Ъ Х К Ч Т К
Щ Ш Ш Ъ Т А А Ы Я М Я Ч Н Ю
Г Д Ш У Ь Ъ Т Й Ф Я Ж Щ И К
```

РЕМЕСЛА	ГЛИНА
АВТОМОБИЛЬ	КУКЛА
МЯЧ	РОБОТ
КНИГИ	ШАХМАТЫ
ЛОДКА	ПОЕЗД
БАРАБАНЫ	ВООБРАЖЕНИЕ
ЛЮБИМЫЙ	КРАСКИ
ВЕЛОСИПЕД	САМОЛЕТ
ИГРЫ	

89 - Muziekinstrumenten

```
Г А Р М О Н И К А Т Ф Ф М Б
Х Щ Г И Т А Р А Ч Ь Л Ф А О
Х К И Ь Р К Л А Р Н Е Т Н Х
М Д И Г О Н Г А У Р Й Ъ Д Щ
Ц Ч Ь Ц М Г О Г П Л Т Г О Ю
Б С Ф У Б У Б Е Н Б А А Л П
С А В И О Л О Н Ч Е Л Ь И И
К К Н Б Н Щ Й Е А Ь Б Н Н А
Р С Б Д А Ш Е Ъ Р К Ш Ф А Н
И О Ы П Ж Р Ч Ц Ф А Г О Т И
П Ф Ю Т Д О А Л А С У Ц Р Н
К О М П У Г Я Б С И Ц И У О
А Н Т Ф Я М С Т А К К О Б Р
М А Р И М Б А Ч Ч Н Ч Б А Ф
```

БАНДЖО	МАРИМБА
ВИОЛОНЧЕЛЬ	ГАРМОНИКА
ФАГОТ	ПИАНИНО
ФЛЕЙТА	САКСОФОН
ГИТАРА	БУБЕН
ГОНГ	ТРОМБОН
АРФА	БАРАБАН
ГОБОЙ	ТРУБА
КЛАРНЕТ	СКРИПКА
МАНДОЛИНА	

90 - Activiteiten en Vrije Ti

```
Р Е О Б Ф У Т Б О Л О К С И
А Р К Б А Ъ Х Д Р Ь Ы Е А С
С Г Я Я Щ С Ц О Ф Т Ы М Д К
С О М П Щ Л К Ц Б Г Ъ П О У
Л Н Ы Р Я Н И Е Г Б Ъ И В С
А О Т Е Н Н И С Т Ю И Н О С
Б Ч Б Е Й С Б О Л Б Г Г Д Т
Л Н Х Ч Е Б Ж Г Ю Ш О Ж С В
Я Ы С Х А П О Б Д Щ Л Л Т О
Ю Й А Ф Щ Г Ш К С Ь Ь Ъ В Ж
Щ С Е Р Ф И Н Г С Т Ф И О Е
И В О Л Е Й Б О Л Ч В Ж Р Ф
Й П Е Ш И Й Т У Р И З М В Я
Н Б Р Ы Б Н А Я Л О В Л Я Л
```

БАСКЕТБОЛ
БОКС
НЫРЯНИЕ
ГОЛЬФ
РЫБНАЯ ЛОВЛЯ
ХОББИ
БЕЙСБОЛ
КЕМПИНГ
ИСКУССТВО

РАССЛАБЛЯЮЩИЙ
ГОНОЧНЫЙ
СЕРФИНГ
ТЕННИС
САДОВОДСТВО
ФУТБОЛ
ВОЛЕЙБОЛ
ПЕШИЙ ТУРИЗМ

91 - Water

В	Я	Ь	Х	Ч	В	О	К	Е	А	Н	Х	Н	М
И	О	Г	Р	Я	Л	Е	Д	О	Ь	Ч	И	А	О
К	У	Л	Щ	И	А	М	Л	Ъ	Ц	Ч	Ф	В	Р
Г	Ц	Е	Н	О	Ж	У	О	З	Е	Р	О	О	О
И	Е	Б	Т	Ы	Н	С	Р	К	Ц	Е	А	Д	З
М	С	Н	Е	Г	О	С	Е	А	Ю	К	М	Н	П
С	Я	П	А	Р	С	О	В	Н	Г	А	Ш	Е	И
П	Г	Ю	А	Ш	Т	Н	О	А	Г	А	Ф	Н	Т
Ы	Г	В	Д	Р	Ь	Б	Е	Л	Е	Л	Н	И	Ь
В	Л	А	Г	А	Е	Я	М	Ю	Й	О	Ш	Е	Е
Д	О	Ж	Д	Ь	Н	Н	Ж	Р	З	М	Ж	И	В
Р	У	Ж	У	Ф	А	Щ	И	И	Е	Ф	У	И	О
О	Р	О	Ш	Е	Н	И	Е	Е	Р	Ц	Я	Ъ	Й
Т	Ь	У	Г	Х	П	Ы	Г	Р	М	О	В	Д	Т

ДУШ	УРАГАН
ПИТЬЕВОЙ	НАВОДНЕНИЕ
ГЕЙЗЕР	ДОЖДЬ
ВОЛНЫ	РЕКА
ЛЕД	СНЕГ
ОРОШЕНИЕ	ПАР
КАНАЛ	ИСПАРЕНИЕ
ОЗЕРО	ВЛАГА
МУССОН	ВЛАЖНОСТЬ
ОКЕАН	МОРОЗ

92 - Schaken

```
Ж  С  У  Т  К  П  М  Ъ  Щ  К  К  О  Д  Р
Ы  Е  Т  У  Р  Н  И  Р  У  О  Ъ  П  И  Ч
Б  Т  Р  Р  В  Р  Е  М  Я  Р  К  П  А  А
Г  Е  Ы  Т  А  Т  Е  М  И  О  П  О  Г  О
П  А  Л  Ъ  В  Т  Ч  Ч  О  Л  Н  Н  О  П
А  Ц  Т  Ы  М  А  Е  И  В  Е  У  Е  Н  Р
С  Я  К  Щ  Й  Ш  М  Г  Е  В  М  Н  А  О
С  Т  О  Ч  К  И  П  Р  И  А  Н  Т  Л  Б
И  Г  Р  А  Ж  Ы  И  О  Е  Я  Ы  Т  Ь  Л
В  Ч  О  Л  Ф  Т  О  К  Я  О  Й  Г  Ь  Е
Н  Т  Л  Ц  К  О  Н  К  У  Р  С  В  Ъ  М
Ы  Ц  Ь  Ю  С  Ш  П  Р  А  В  И  Л  А  Ы
Й  Ч  Е  Р  Н  Ы  Й  Я  Ю  П  Т  Ш  Т  Ъ
Г  П  С  Х  Ь  Ы  И  В  Д  Е  Щ  Г  С  Р
```

ДИАГОНАЛЬ	ИГРОК
ЧЕМПИОН	СТРАТЕГИЯ
КОРОЛЬ	ОППОНЕНТ
КОРОЛЕВА	ВРЕМЯ
ЖЕРТВА	ТУРНИР
ПАССИВНЫЙ	ПРОБЛЕМЫ
ТОЧКИ	КОНКУРС
ПРАВИЛА	БЕЛЫЙ
УМНЫЙ	ЧЕРНЫЙ
ИГРА	

93 - Boerderij #1

```
С В И Н Ь Я К Л Р Р Ф У Ч И
М О Д Я Л А О О Х И Х Д У Ы
Ф С Б У Ш Я Р Ш У П С О П Л
Ю Е Ы А К Ь О А А З Е Б Д Ш
А Л Н Ц К Н В Д Ю А М Р Т К
П Ч Е Л А А А Ь Ю Б Е Е Я У
М Е Д Ц Ф Ч Ь Щ Ш О Н Н Ъ Р
Л М Ь Ч Д В О Д А Р А И Х И
Н И Б К О З А И С И Д Е Б Ц
О Ц В О Р О Н А Т Е Л Е Ц А
П Н Ф Ш Ъ П Б С А Ь Р Ф Г Щ
В О Л К Н Ч Ь Г Д Г Ю Г Щ Ъ
Б Ъ Л А Ю С Х Щ О Ж Г Т О Ф
Ъ Ы Д Е С Е Н О Ь Ц Я Ш Щ Ж
```

ПЧЕЛА	КОРОВА
ОСЕЛ	ВОРОНА
КОЗА	СТАДО
ЗАБОР	УДОБРЕНИЕ
СОБАКА	ЛОШАДЬ
МЕД	РИС
СЕНО	СВИНЬЯ
ТЕЛЕЦ	ПОЛЕ
КОШКА	ВОДА
КУРИЦА	СЕМЕНА

94 - Huis

О	Г	Т	Ж	В	Ъ	П	С	Щ	С	Ю	Б	Н	Ц
К	О	М	Н	А	Т	А	О	Ъ	А	М	И	Л	З
Ц	М	Р	Л	А	П	Р	М	Т	Д	Т	Б	А	А
К	М	К	Д	Г	Х	О	О	Ж	О	Н	Л	М	Б
З	Е	Р	К	А	Л	О	Д	Ж	Ж	Л	И	П	О
Д	Б	Ы	А	Р	Ф	Д	Х	В	Ф	Щ	О	А	Р
Ы	Е	Ш	М	А	М	В	Ъ	Ъ	А	Ю	Т	К	С
М	Л	А	И	Ж	Ж	Е	Д	У	Ш	Л	Е	У	П
О	Ь	Е	Н	Ч	А	Р	Т	Ч	Н	С	К	Х	А
Х	Ц	М	Ж	Ш	Ш	Ь	Х	Л	Б	Т	А	Н	Л
О	У	К	О	В	Р	И	К	Ч	А	Е	У	Я	Ь
Д	Ч	Ы	Д	Щ	Г	М	Р	Ч	У	Н	А	Т	Н
Е	И	Ш	Д	П	Ы	Г	Ш	Я	Ы	А	Д	Г	Я
Ч	У	Б	Щ	Ц	Т	Г	Ь	Е	Ъ	Е	Щ	М	Ъ

МЕТЛА
БИБЛИОТЕКА
КРЫША
ДВЕРЬ
ДУШ
ГАРАЖ
КАМИН
ЗАБОР
КОМНАТА
ПОДВАЛ

КУХНЯ
ЛАМПА
МЕБЕЛЬ
СТЕНА
ПОТОЛОК
ДЫМОХОД
СПАЛЬНЯ
ЗЕРКАЛО
КОВРИК
САД

95 - Kleuren

Т	Ъ	Ш	Ю	Б	И	Ш	Т	Т	Ж	Я	Ь	Ш	Ф
А	Ф	А	Р	С	М	Ч	Ы	С	Е	П	И	Я	У
К	Р	А	С	Н	Ы	Й	Ы	Ф	Л	Ш	Я	Я	К
П	И	К	Ы	Б	Е	А	Х	В	Т	Ц	Ш	Ш	С
Л	У	Н	О	Р	О	З	О	В	Ы	Й	С	В	И
Н	Ъ	Р	Д	Р	Ж	Ь	У	Б	Й	Ъ	И	Е	Я
Ч	Б	Н	П	И	И	Л	А	З	У	Р	Н	Ы	Й
Ж	Б	Ч	Д	У	Г	Ч	Е	Щ	Ц	Х	И	Ч	Ш
Б	Е	Л	Ы	Й	Р	О	Н	С	С	Б	Й	Е	Ж
Е	Ж	Х	Б	Б	К	Н	С	Е	Р	Ы	Й	Р	П
З	Е	Л	Е	Н	Ы	Й	Ы	Б	В	Ъ	Х	Н	В
Ф	В	С	К	Р	В	Ф	Щ	Й	Ф	Ы	В	Ы	Ь
Г	Ы	М	Ф	Ь	Г	Ш	Ц	И	А	Н	Й	Й	У
Ъ	Й	О	Р	А	Н	Ж	Е	В	Ы	Й	Щ	Д	Ч

ЛАЗУРНЫЙ
БЕЖЕВЫЙ
СИНИЙ
КОРИЧНЕВЫЙ
ЦИАН
ФУКСИЯ
ЖЕЛТЫЙ
СЕРЫЙ
ЗЕЛЕНЫЙ

ИНДИГО
ПУРПУРНЫЙ
ОРАНЖЕВЫЙ
КРАСНЫЙ
РОЗОВЫЙ
СЕПИЯ
БЕЛЫЙ
ЧЕРНЫЙ

96 - Verjaardag

```
М Р П Р А З Д Н О В А Н И Е
Г О Д Д В Ю Р Ж Ы П Е Б Х В
С Ж Л Ю П Ш У Д Ш Е Ч М К Р
Ч Д Ж О К Л З В Е С Е Л Ь Е
А Е И С Д Ч Ь Ч Ш Н С Т П М
С Н Л В В О Я Ц Е Я Ь О О Я
Т Н У Е Н Ъ Й П О Д А Р О К
Л Ы Ш Ч С Ъ И Т К А Р Т Ы Я
И Й Ф И Х В О У Г В М Т Ю Д
В У О И Ш Ю Л С Х С П Р Б Ю
Ы Г Ы Р Л Ь Ш Ъ О Ц М Ю Ш О
Й С Т А Р Ш И Й С Б В Н Л О
К А Л Е Н Д А Р Ь Б Ы Е Е Х
П Р И Г Л А Ш Е Н И Я Й Р С
```

ТОРТ	КАЛЕНДАРЬ
ДЕНЬ	ПЕСНЯ
РОЖДЕННЫЙ	СТАРШИЙ
СЧАСТЛИВЫЙ	ВЕСЕЛЬЕ
ПОДАРОК	ОСОБЫЙ
ГОД	ВРЕМЯ
МОЛОДОЙ	ПРИГЛАШЕНИЯ
СВЕЧИ	ПРАЗДНОВАНИЕ
КАРТЫ	ДРУЗЬЯ

97 - Getallen

```
Е  Л  Д  И  О  Е  В  Д  В  А  Я  Ъ  Ц  Ь
К  Ш  Е  С  Т  Ь  О  Е  Ч  О  Б  Д  Г  Я
К  Х  В  Ч  Е  П  С  В  И  Д  С  В  Ж  Х
А  Ы  Я  Ч  Е  Я  Е  Я  Ж  И  А  Е  Н  П
Д  Ш  Т  О  Х  Т  М  Т  Я  Н  Т  Н  М  П
Н  В  Ь  М  Ш  Н  Н  Н  Щ  У  Р  А  В  Ь
Ц  Ч  А  И  М  А  А  А  Б  Л  И  Д  Н  Ш
Ц  Е  Ж  Д  Т  Д  Д  Д  П  Ь  Н  Ц  Х  Т
Х  Т  Ф  Ц  Ц  Ц  Ц  Ц  Р  Ц  А  А  Р  Р
Н  Ы  Т  Р  И  А  А  А  О  Ы  Д  Т  У  Ь
А  Р  Е  Я  Ц  Т  Т  Т  П  Я  Ц  Ь  Ч  Щ
Д  Е  С  Я  Т  Ь  Ь  Е  Я  А  Ю  П  Ч
Ч  Е  Т  Ы  Р  Н  А  Д  Ц  А  Т  Ь  М  И
С  Е  М  Ь  Ф  М  Л  А  Ъ  М  Ь  Ь  Ф  Б
```

ВОСЕМЬ	ДВЕНАДЦАТЬ
ВОСЕМНАДЦАТЬ	ДВА
ТРИНАДЦАТЬ	ДВАДЦАТЬ
ТРИ	ЧЕТЫРНАДЦАТЬ
ОДИН	ЧЕТЫРЕ
ДЕВЯТЬ	ПЯТЬ
ДЕВЯТНАДЦАТЬ	ПЯТНАДЦАТЬ
НУЛЬ	ШЕСТЬ
ДЕСЯТЬ	СЕМЬ

98 - Boerderij #2

```
Д  Х  Е  Ч  Т  О  Т  И  Р  Ш  Ц  Ж  Я  Ф
Ц  Ъ  Т  Д  Ф  Е  Р  М  Е  Р  Л  Х  Г  Р
Л  Ц  Х  Л  А  М  А  О  В  О  Щ  И  Н  У
П  Л  Ы  У  М  У  К  Л  Ш  Ч  Ф  Б  Е  К
Д  Ж  Ф  Г  Б  В  Т  О  И  Е  С  Ц  Н  Т
Ю  О  С  Ж  А  Л  О  К  Я  Г  Н  Ы  О  П
О  Х  Л  Ж  Р  Ф  Р  О  Ш  Д  В  И  К  А
Ж  И  В  О  Т  Н  Ы  Е  П  Ж  С  Д  Е  С
П  Ш  Е  Н  И  Ц  А  О  Ч  У  Т  К  А  Т
У  Я  С  Ю  Д  Г  П  В  Ш  Ч  Л  Ч  М  И
О  И  Н  Ч  Г  К  И  Ц  Я  Ч  М  Е  Н  Ь
В  Щ  Ж  Ю  Ф  Ы  Е  А  Д  Щ  Д  Л  Й  Г
Ф  Т  С  Ш  Ь  Л  Д  Ю  Т  Б  Е  Ч  П  Ч
Х  Р  И  С  А  Д  К  У  К  У  Р  У  З  А
```

УЛЕЙ	ЯГНЕНОК
ФЕРМЕР	ЛАМА
САД	КУКУРУЗА
ЖИВОТНЫЕ	МОЛОКО
УТКА	ОВЦА
ФРУКТ	АМБАР
ЯЧМЕНЬ	ПШЕНИЦА
ОВОЩ	ТРАКТОР
ПАСТИ	ЕДА
ОРОШЕНИЕ	ЛУГ

99 - Voeding

А	П	П	Е	Т	И	Т	Ю	Я	О	Е	Ь	П	Г
Ж	И	Д	К	О	С	Т	И	Я	Ъ	В	Ф	О	О
П	И	Щ	Е	В	А	Р	Е	Н	И	Е	Е	Ч	Р
З	Д	О	Р	О	В	Ы	Й	В	О	О	Р	Л	Ь
К	В	Е	С	Щ	Х	Ю	С	У	Ч	И	М	К	К
Ь	А	Г	П	З	Д	О	Р	О	В	Ь	Е	А	И
И	К	Ч	У	Г	Л	Е	В	О	Д	Ы	Н	Л	Й
В	С	Ъ	Е	Д	О	Б	Н	Ы	Й	Т	Т	О	Д
В	К	У	С	С	С	П	Е	Ц	И	И	А	Р	И
Р	А	С	Б	Ю	Т	О	К	С	И	Н	Ц	И	Е
Ж	Ы	А	Д	Е	Б	В	С	Т	Ы	Л	И	И	Т
Ь	Ю	Ы	Я	Ы	Л	Ы	О	О	Ф	Б	Я	Е	А
Ж	Л	Я	Б	Р	Г	К	Ю	Ж	У	В	Х	Е	П
В	И	Т	А	М	И	Н	И	Ф	Л	С	У	Ц	У

ГОРЬКИЙ	УГЛЕВОДЫ
КАЛОРИИ	КАЧЕСТВО
ДИЕТА	СОУС
СЪЕДОБНЫЙ	ВКУС
АППЕТИТ	СПЕЦИИ
БЕЛКИ	ПИЩЕВАРЕНИЕ
ФЕРМЕНТАЦИЯ	ТОКСИН
ВЕС	ВИТАМИН
ЗДОРОВЫЙ	ЖИДКОСТИ
ЗДОРОВЬЕ	

1 - Metingen

2 - Keuken

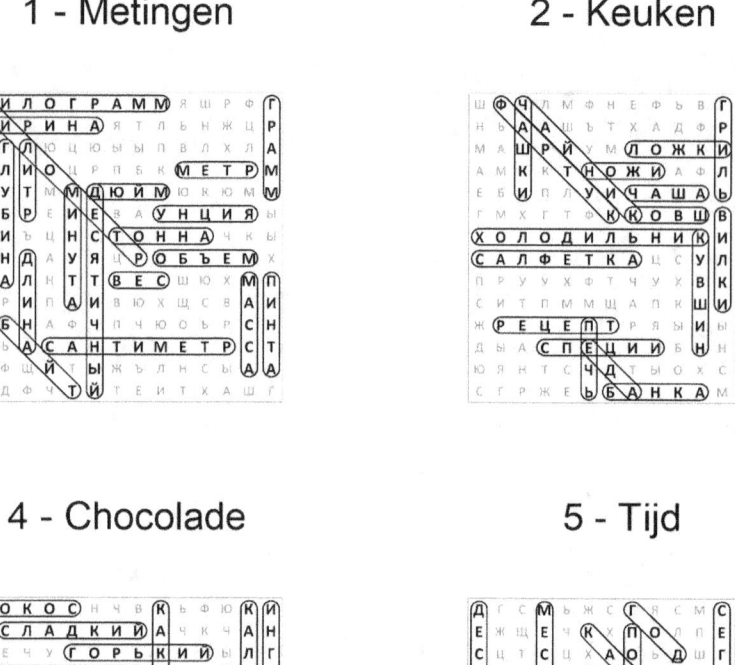

3 - Boten

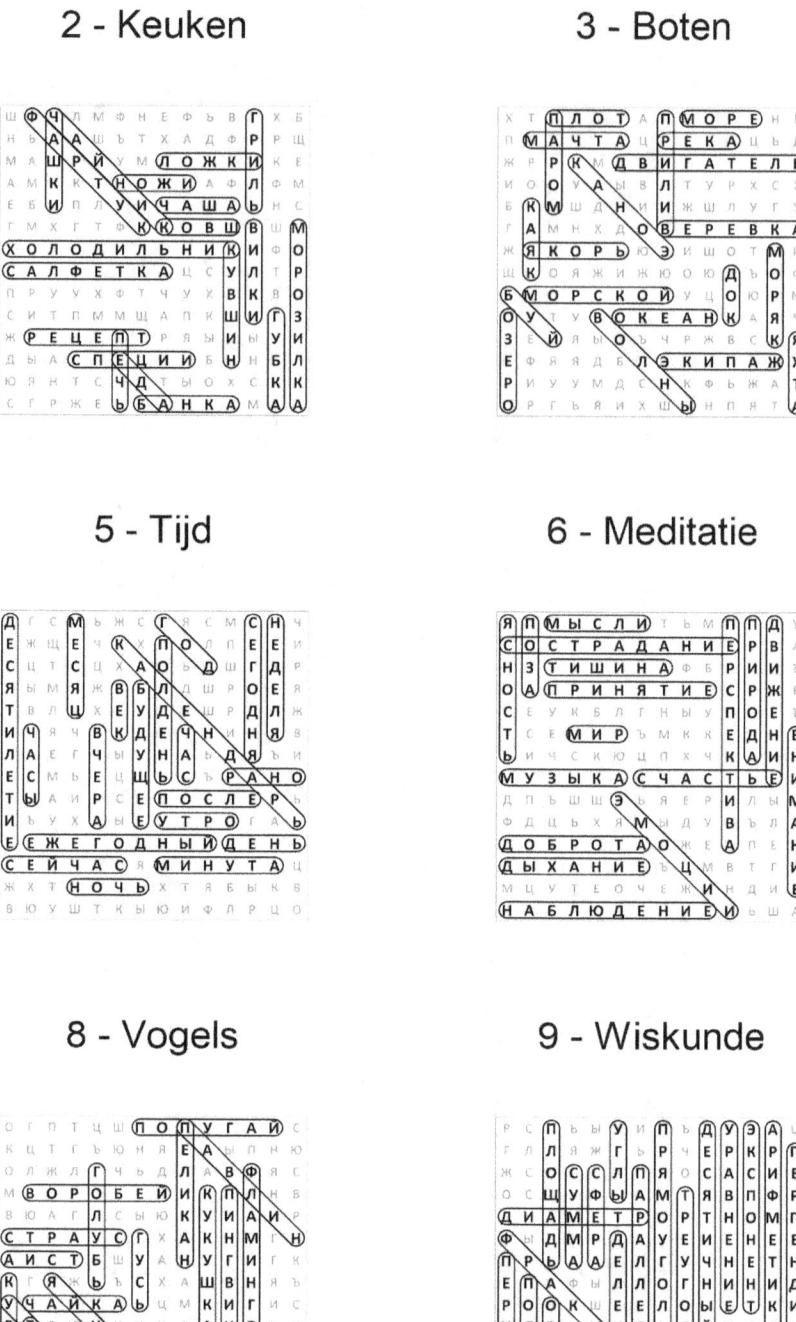

4 - Chocolade

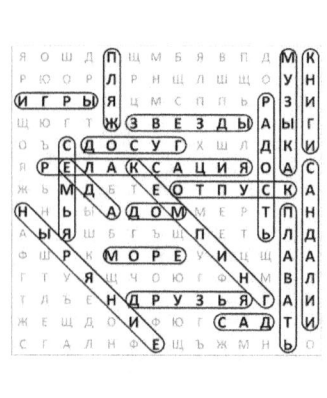

5 - Tijd

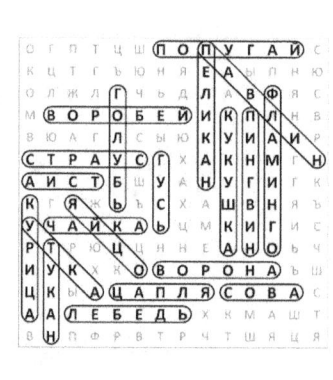

6 - Meditatie

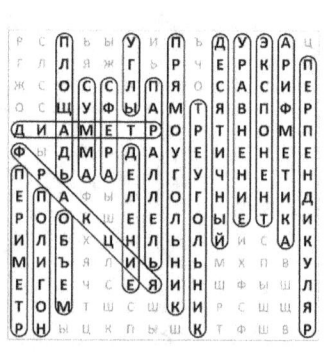

7 - Zomer

8 - Vogels

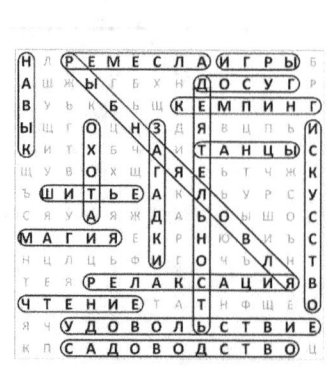

9 - Wiskunde

10 - Camping

11 - Activiteiten

12 - Vormen

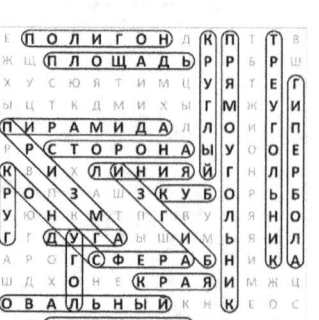

13 - Astronomie

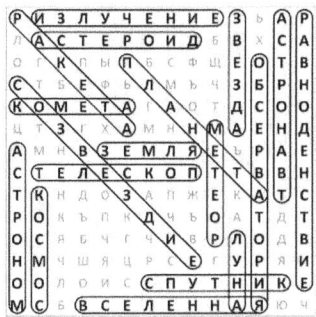

14 - Emoties

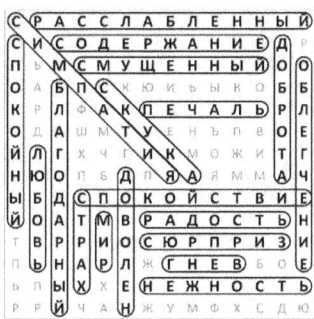

15 - Vakantie #2

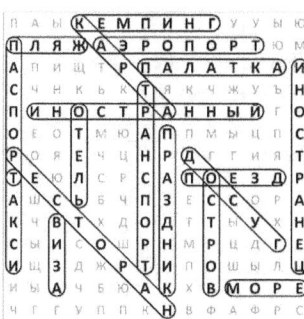

16 - Weersomstandigh

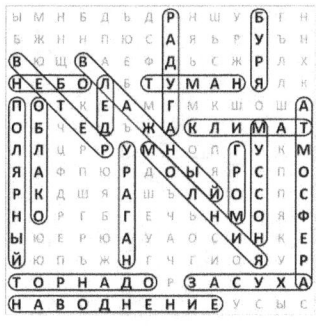

17 - Strand

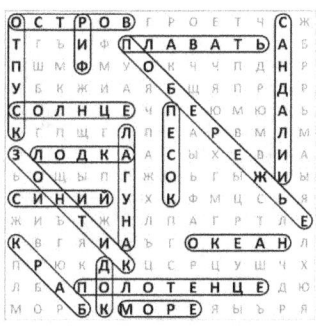

18 - Eten #2

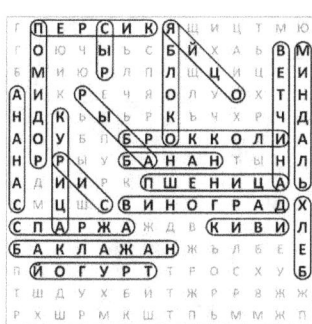

19 - Klimmen

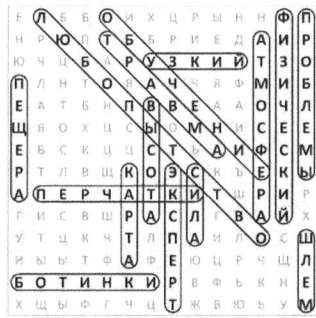

20 - Restaurant #1

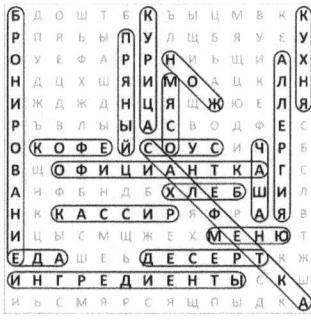

21 - Geologie

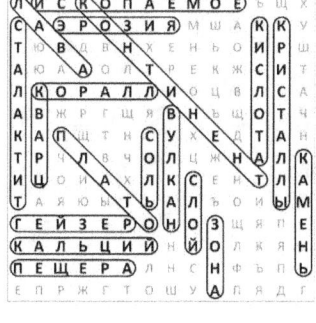

22 - Specerijen

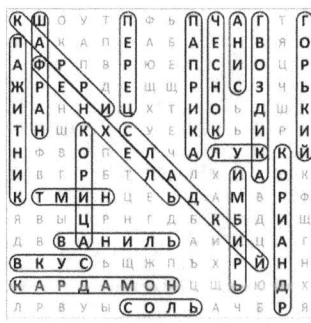

23 - Groenten

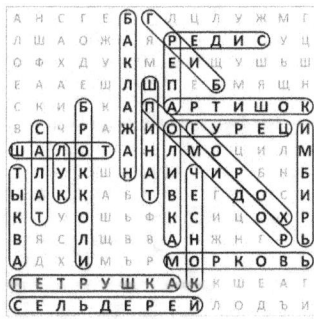

24 - Dans

25 - Sport

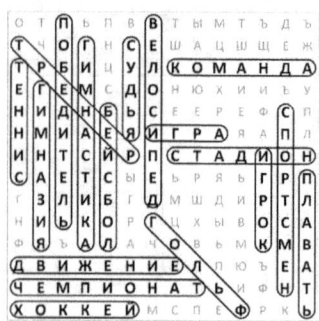

26 - Mythologie

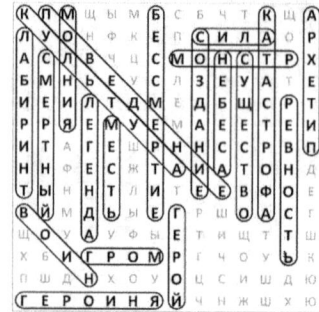

27 - Vakantie #1

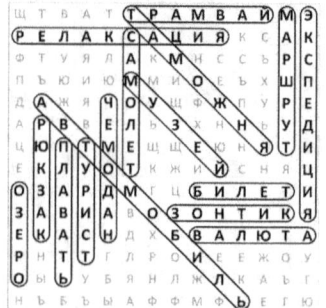

28 - Eten #1

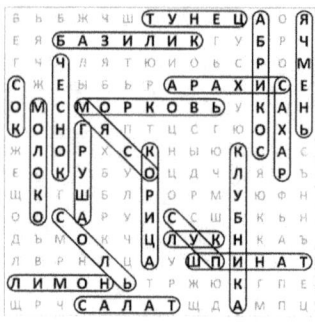

29 - Avontuur

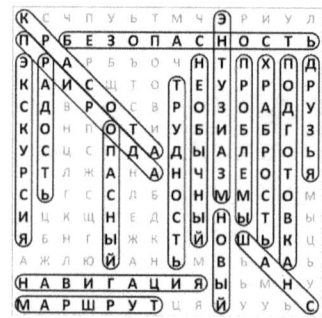

30 - Circus

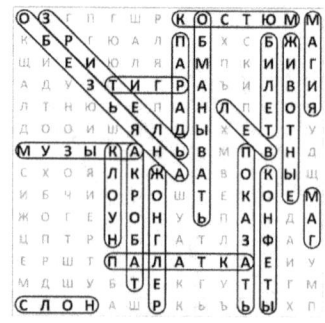

31 - Restaurant #2

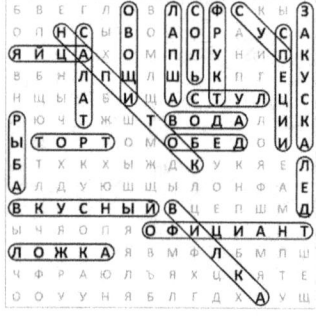

32 - Bijen

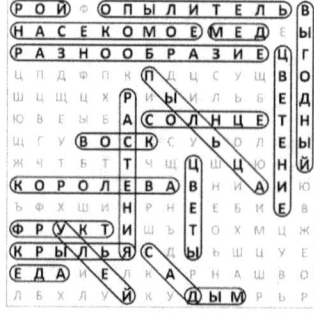

33 - School #1

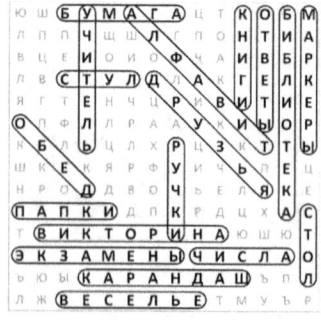

34 - Wandelen

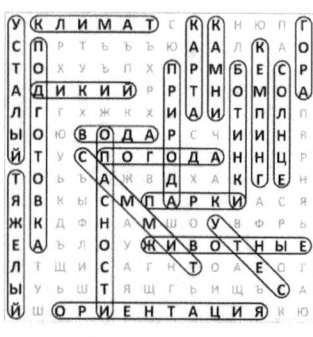

35 - Ecologie

36 - Installaties

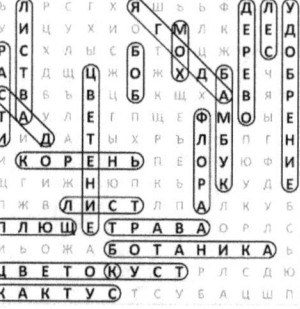

37 - School #2

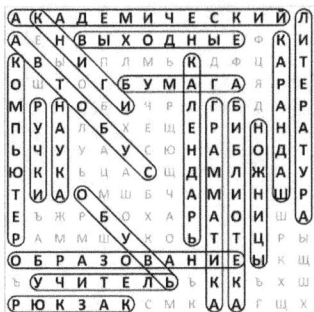

38 - Oceaan

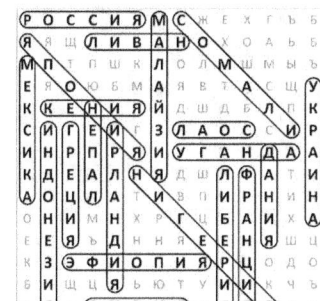

39 - Landen #2

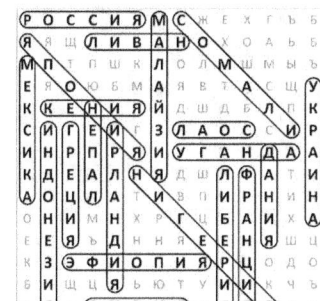

40 - Bloemen

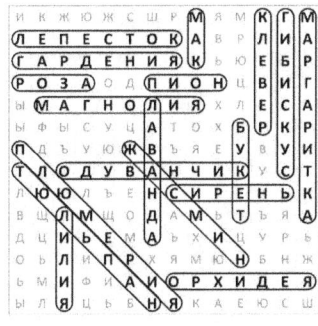

41 - Huisdieren

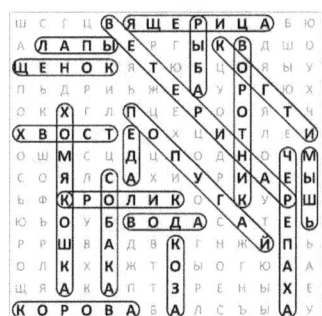

42 - Landschappen

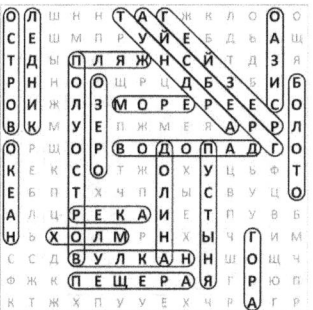

43 - Tuin

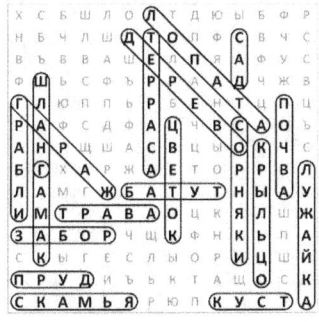

44 - Katten

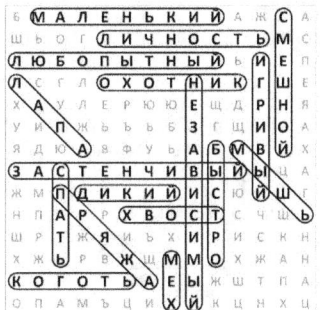

45 - Beroepen #2

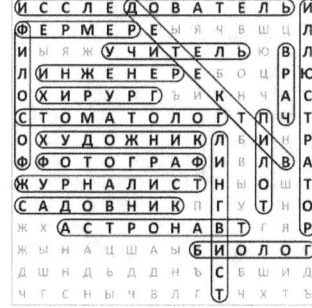

46 - Komedie

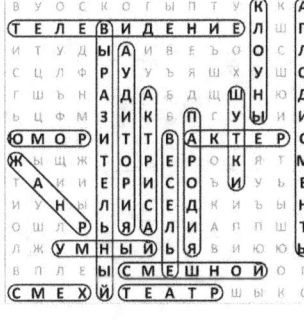

47 - Dagen en Maanden

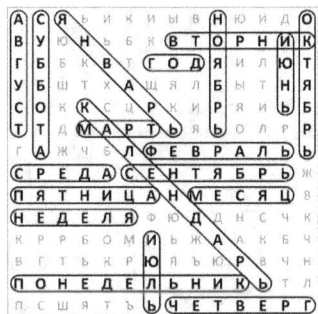

48 - Beeldende Kunsten

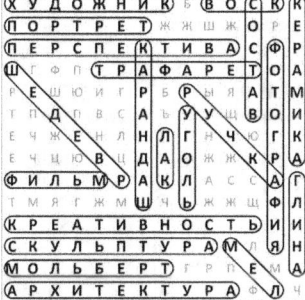

49 - Menselijk Lichaam

50 - Familie

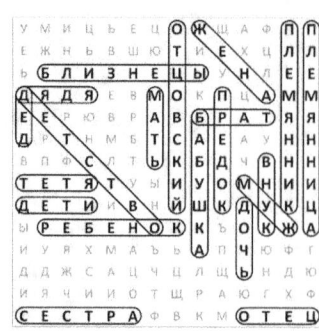

51 - Gebouwen

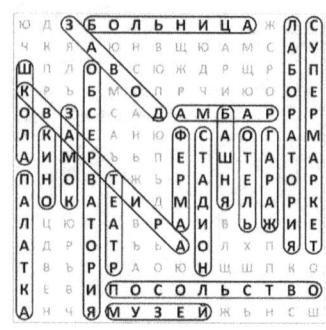

52 - Kunst

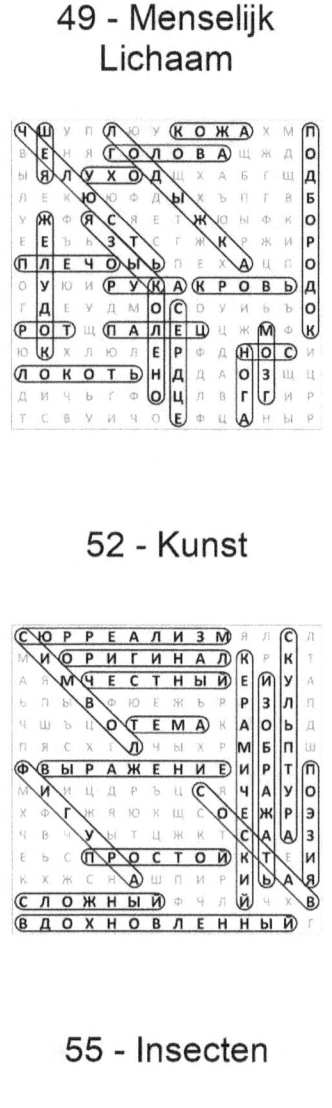

53 - Beroepen #1

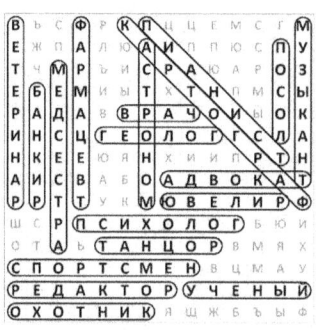

54 - Kastelen

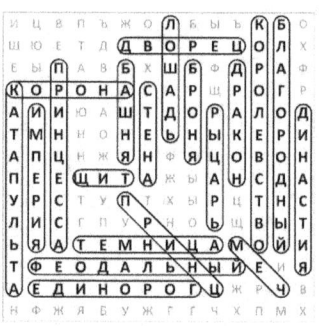

55 - Insecten

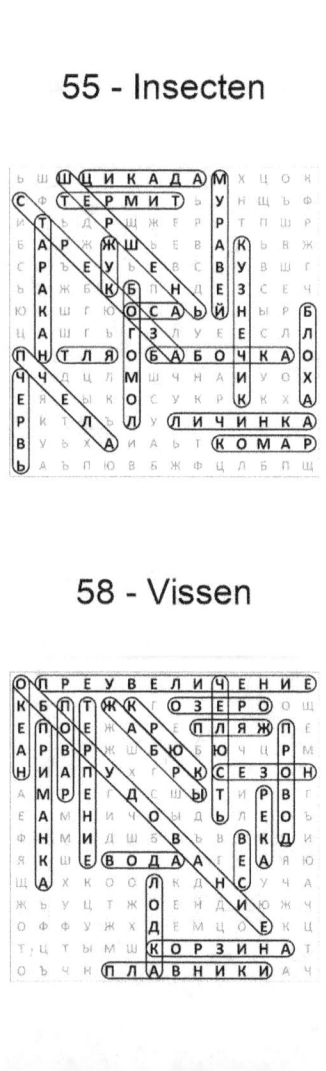

56 - Antarctica

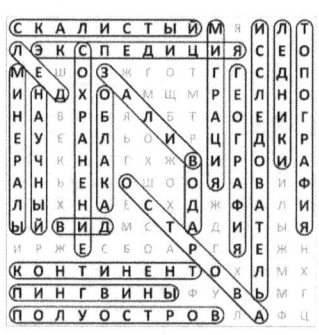

57 - Ballet

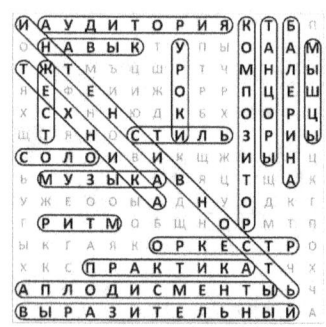

58 - Vissen

59 - Fruit

60 - Literatuur

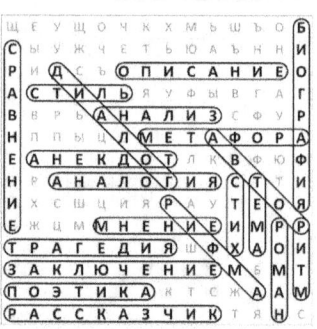

61 - Technologie

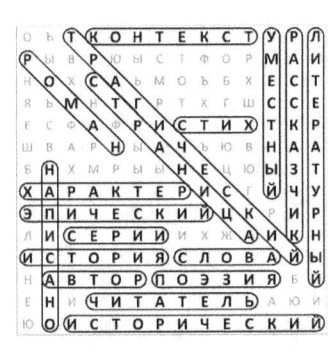

62 - Boeken

63 - Meer Informatie

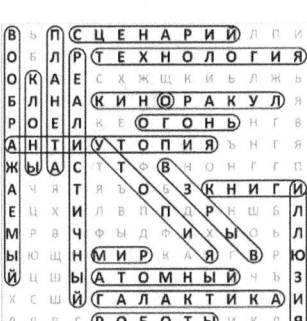

64 - Regenwoud

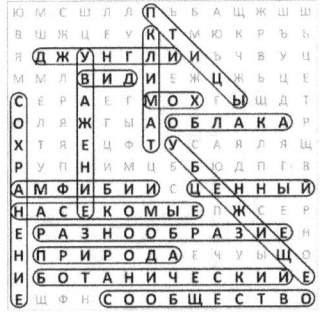

65 - Haartypes

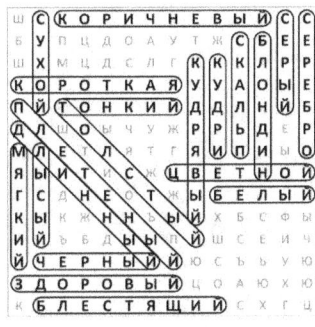

66 - Stad

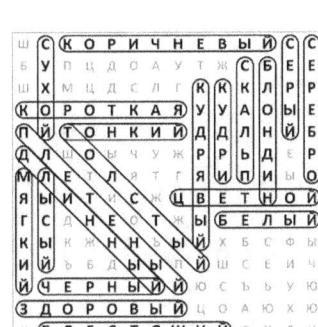

67 - Natuur

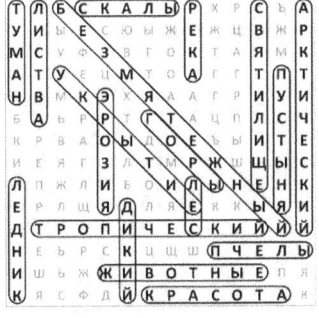

68 - Dinosaurussen

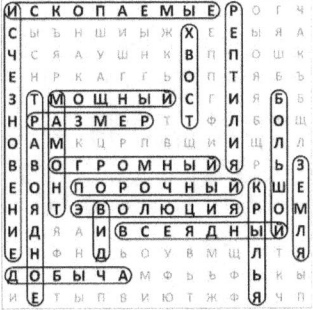

69 - Zoogdieren

70 - 1 Jaar Geleden

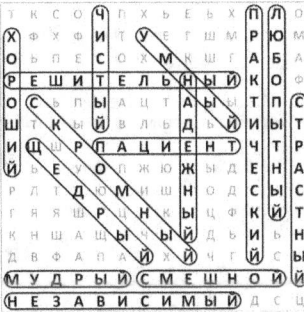

71 - Kampioenschap

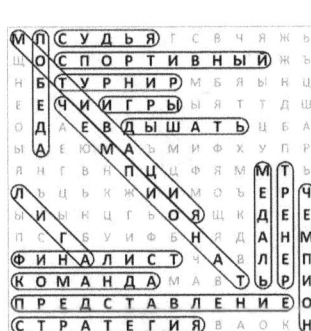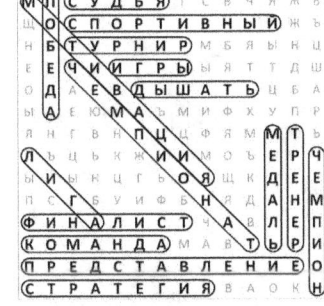

72 - Voertuigen

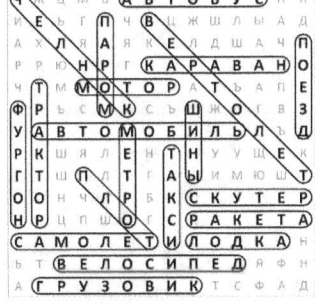

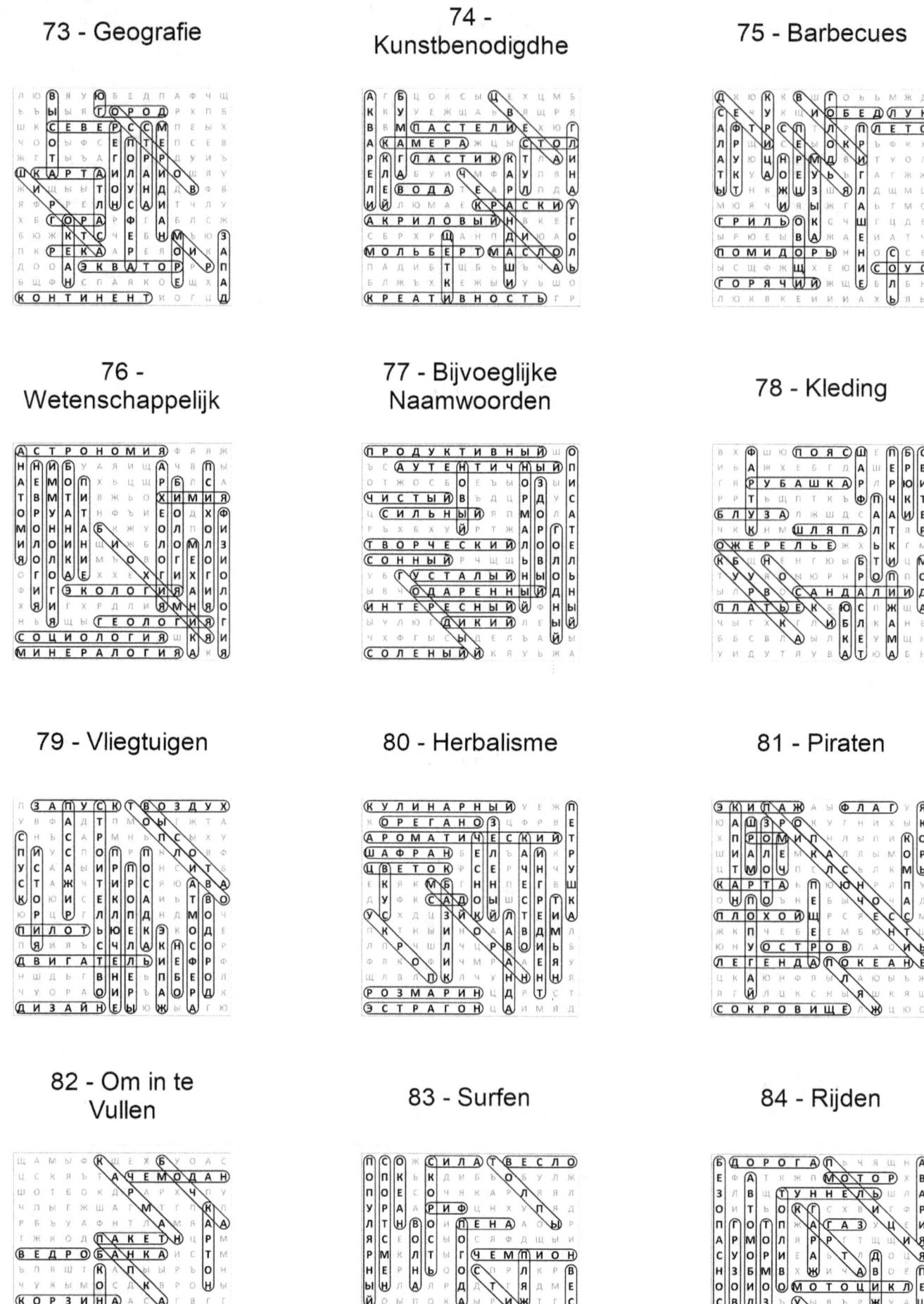

73 - Geografie

74 - Kunstbenodigdhe

75 - Barbecues

76 - Wetenschappelijk

77 - Bijvoeglijke Naamwoorden

78 - Kleding

79 - Vliegtuigen

80 - Herbalisme

81 - Piraten

82 - Om in te Vullen

83 - Surfen

84 - Rijden

85 - Wetenschap

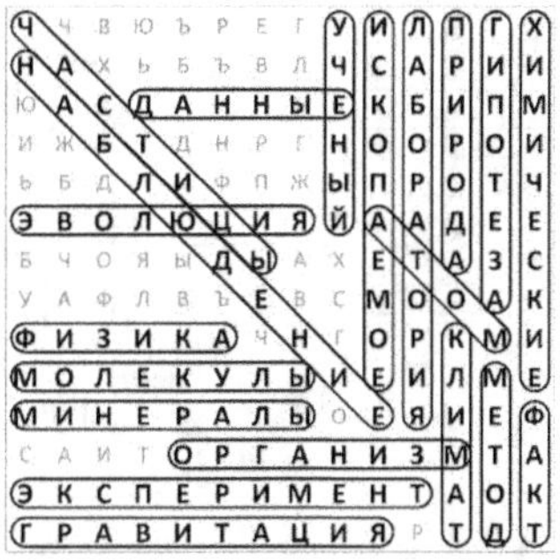

86 - Badkamer

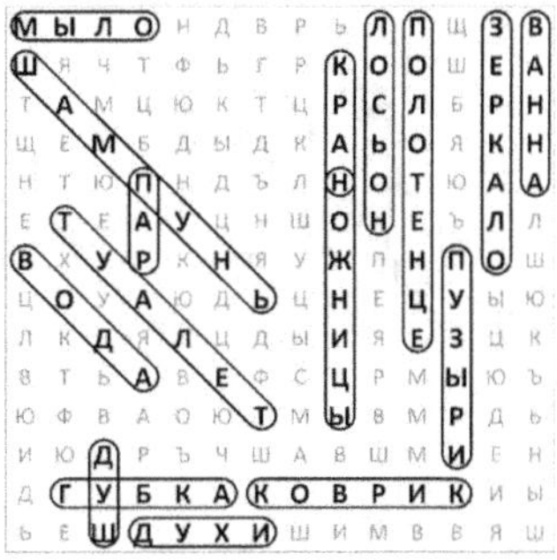

87 - Hulpmiddelen

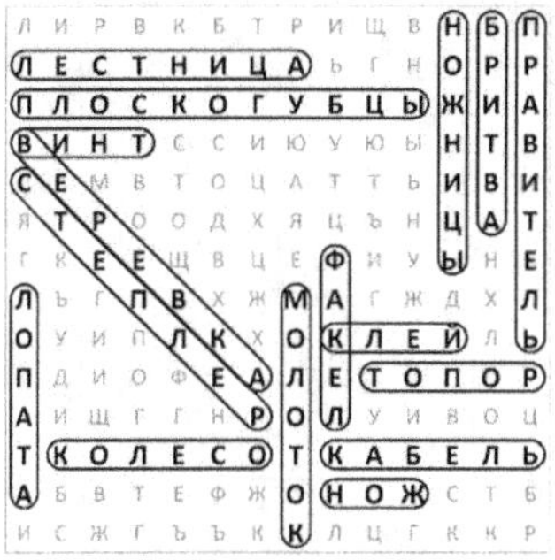

88 - Speelgoed

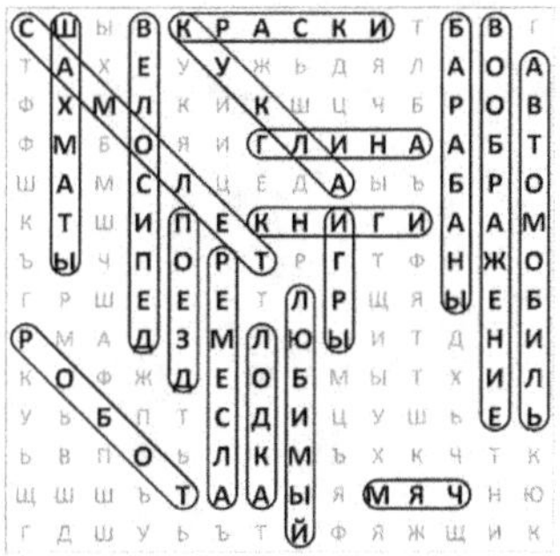

89 - Muziekinstrument

90 - Activiteiten en Vrije Ti

91 - Water

92 - Schaken

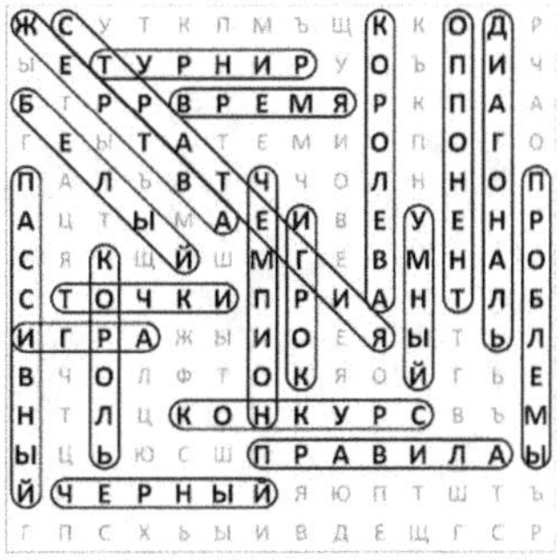

93 - Boerderij #1

94 - Huis

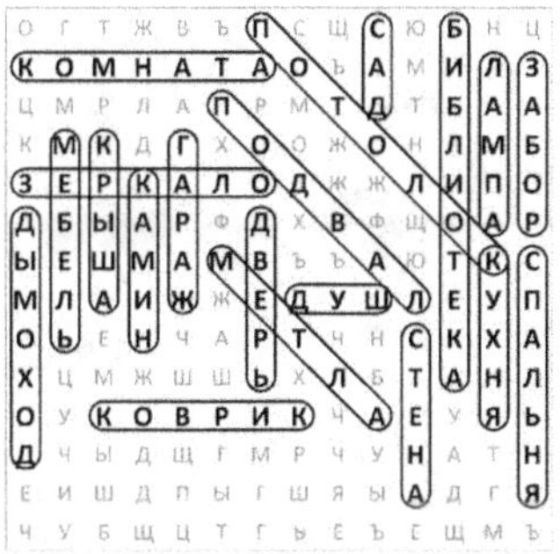

95 - Kleuren

96 - Verjaardag

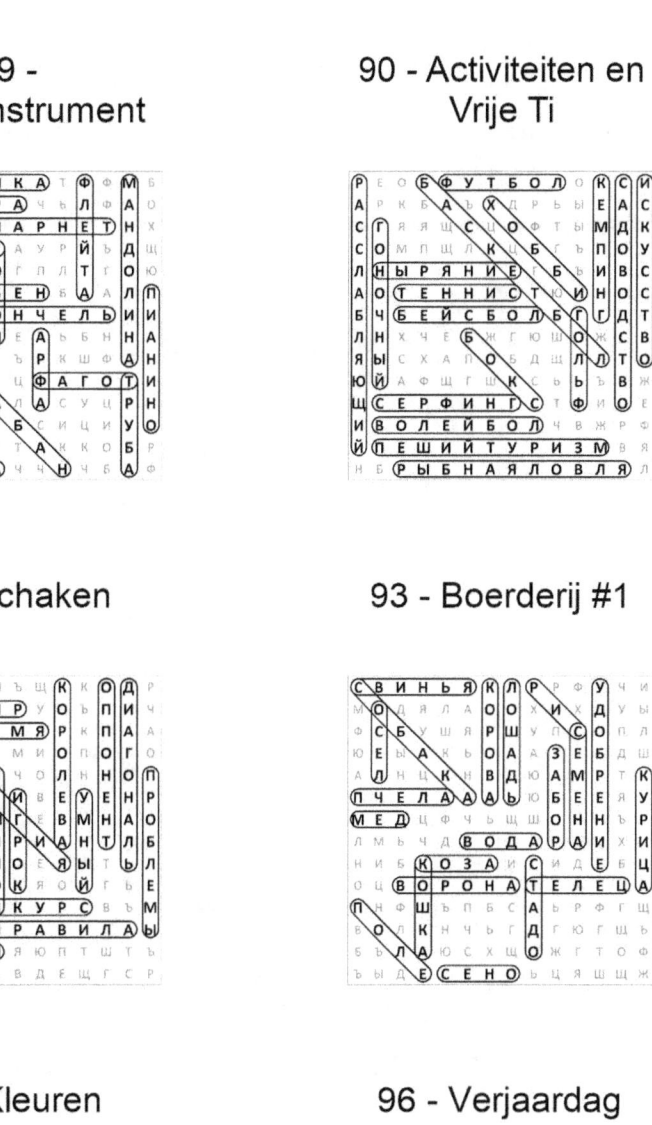
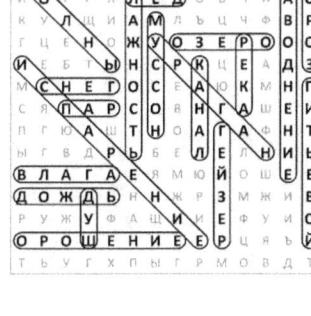
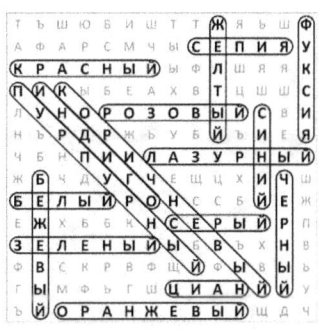

97 - Getallen

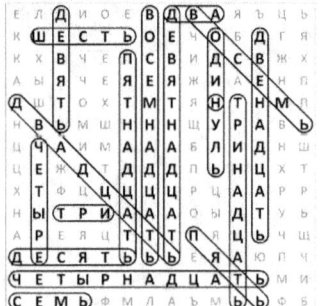

98 - Boerderij #2

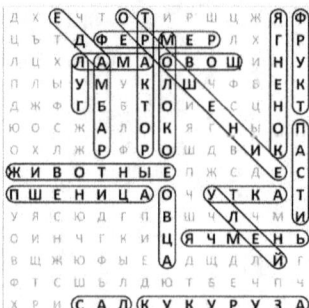

99 - Voeding

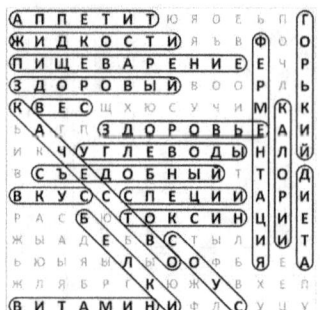

Woordenboek

1 Jaar Geleden
Добродетели #1

Behulpzaam	Полезный
Bescheiden	Скромный
Beslissend	Решительный
Betrouwbaar	Надежный
Efficiënt	Эффективный
Gepassioneerd	Страстный
Goed	Хороший
Grappig	Смешной
Gul	Щедрый
Intelligent	Умный
Nieuwsgierig	Любопытный
Onafhankelijk	Независимый
Patiënt	Пациент
Praktisch	Практический
Schoon	Чистый
Wijs	Мудрый
Zelfverzekerd	Уверенный

Activiteiten
Виды Деятельности

Activiteit	Деятельность
Ambachten	Ремесла
Dansen	Танцы
Fotografie	Фотография
Games	Игры
Hengelsport	Рыбная Ловля
Jacht	Охота
Kamperen	Кемпинг
Keramiek	Керамика
Kunst	Искусство
Lezen	Чтение
Magie	Магия
Naaien	Шитье
Ontspanning	Релаксация
Plezier	Удовольствие
Puzzels	Загадки
Tuinieren	Садоводство
Vaardigheid	Навык
Vrije Tijd	Досуг
Wandelen	Пеший Туризм

Activiteiten en Vrije Ti
Развлечения и Досуг

Basketbal	Баскетбол
Boksen	Бокс
Duiken	Ныряние
Golf	Гольф
Hengelsport	Рыбная Ловля
Hobby	Хобби
Honkbal	Бейсбол
Kamperen	Кемпинг
Kunst	Искусство
Ontspannen	Расслабляющий
Racen	Гоночный
Surfen	Серфинг
Tennis	Теннис
Tuinieren	Садоводство
Voetbal	Футбол
Volleybal	Волейбол
Wandelen	Пеший Туризм
Zwemmen	Плавание

Antarctica
Антарктида

Baai	Залив
Behoud	Сохранение
Continent	Континент
Eilanden	Острова
Expeditie	Экспедиция
Geografie	География
Gletsjers	Ледники
Ijs	Лед
Migratie	Миграция
Mineralen	Минералы
Onderzoeker	Исследователь
Pinguïn	Пингвины
Rotsachtig	Скалистый
Schiereiland	Полуостров
Soort	Вид
Temperatuur	Температура
Topografie	Топография
Water	Вода
Wetenschappelijk	Научный
Wolken	Облака

Astronomie
Астрономия

Aarde	Земля
Asteroïde	Астероид
Astronaut	Астронавт
Astronoom	Астроном
Equinox	Равноденствие
Komeet	Комета
Kosmos	Космос
Maan	Луна
Meteoor	Метеор
Nevel	Туманность
Observatorium	Обсерватория
Planeet	Планета
Raket	Ракета
Satelliet	Спутник
Ster	Звезда
Sterrenbeeld	Созвездие
Straling	Излучение
Telescoop	Телескоп
Universum	Вселенная
Zwaartekracht	Гравитация

Avontuur
Приключение

Activiteit	Деятельность
Enthousiasme	Энтузиазм
Excursie	Экскурсия
Gevaarlijk	Опасный
Kans	Шанс
Moed	Храбрость
Moeilijkheid	Трудность
Natuur	Природа
Navigatie	Навигация
Nieuw	Новый
Ongewoon	Необычный
Reisplan	Маршрут
Schoonheid	Красота
Uitdagingen	Проблемы
Veiligheid	Безопасность
Voorbereiding	Подготовка
Vreugde	Радость
Vrienden	Друзья

Badkamer
Ванная

Bad	Ванна
Bellen	Пузыри
Douche	Душ
Handdoek	Полотенце
Kraan	Кран
Lotion	Лосьон
Parfum	Духи
Schaar	Ножницы
Shampoo	Шампунь
Spiegel	Зеркало
Spons	Губка
Stoom	Пар
Tapijt	Коврик
Water	Вода
Wc	Туалет
Zeep	Мыло

Ballet
Балет

Applaus	Аплодисменты
Ballerina	Балерина
Choreografie	Хореография
Componist	Композитор
Dansers	Танцоры
Expressief	Выразительный
Gebaar	Жест
Intensiteit	Интенсивность
Lessen	Уроки
Muziek	Музыка
Orkest	Оркестр
Praktijk	Практика
Publiek	Аудитория
Repetitie	Репетиция
Ritme	Ритм
Solo	Соло
Spieren	Мышцы
Stijl	Стиль
Techniek	Техника
Vaardigheid	Навык

Barbecues
Барбекю

Diner	Обед
Familie	Семья
Fruit	Фрукт
Grill	Гриль
Groente	Овощи
Heet	Горячий
Honger	Голод
Kinderen	Дети
Kip	Курица
Messen	Ножи
Muziek	Музыка
Peper	Перец
Salades	Салаты
Saus	Соус
Tomaten	Помидоры
Uien	Лук
Uitnodiging	Приглашение
Vorken	Вилки
Zomer	Лето
Zout	Соль

Beeldende Kunsten
Изобразительное Искусство

Architectuur	Архитектура
Artiest	Художник
Beeldhouwwerk	Скульптура
Creativiteit	Креативность
Ezel	Мольберт
Film	Фильм
Foto	Фотография
Houtskool	Уголь
Keramiek	Керамика
Klei	Глина
Krijt	Мел
Meesterwerk	Шедевр
Pen	Ручка
Perspectief	Перспектива
Portret	Портрет
Potlood	Карандаш
Samenstelling	Состав
Stencil	Трафарет
Vernis	Лак
Was	Воск

Beroepen #1
Профессии #1

Advocaat	Адвокат
Ambassadeur	Посол
Apotheker	Фармацевт
Astronoom	Астроном
Atleet	Спортсмен
Bankier	Банкир
Cartograaf	Картограф
Danser	Танцор
Dierenarts	Ветеринар
Dokter	Врач
Editor	Редактор
Geoloog	Геолог
Jager	Охотник
Juwelier	Ювелир
Loodgieter	Водопроводчик
Muzikant	Музыкант
Pianist	Пианист
Psycholoog	Психолог
Verpleegster	Медсестра
Wetenschapper	Ученый

Beroepen #2
Профессии #2

Arts	Врач
Astronaut	Астронавт
Bibliothecaris	Библиотекарь
Bioloog	Биолог
Boer	Фермер
Chirurg	Хирург
Detective	Детектив
Filosoof	Философ
Fotograaf	Фотограф
Illustrator	Иллюстратор
Ingenieur	Инженер
Journalist	Журналист
Leraar	Учитель
Linguïst	Лингвист
Onderzoeker	Исследователь
Piloot	Пилот
Schilder	Художник
Tandarts	Стоматолог
Tuinman	Садовник
Uitvinder	Изобретатель

Bijen
Пчелы

Bestuiver	Опылитель
Bijenkorf	Улей
Bloemen	Цветы
Bloesem	Цветение
Diversiteit	Разнообразие
Ecosysteem	Экосистема
Fruit	Фрукт
Honing	Мед
Insect	Насекомое
Koningin	Королева
Planten	Растения
Rook	Дым
Stuifmeel	Пыльца
Tuin	Сад
Vleugels	Крылья
Voedsel	Еда
Voordelig	Выгодный
Was	Воск
Zon	Солнце
Zwerm	Рой

Bijvoeglijke Naamwoorden
Прилагательные #1

Absoluut	Абсолютный
Actief	Активный
Ambitieus	Амбициозный
Aromatisch	Ароматический
Belangrijk	Важный
Diep	Глубокий
Donker	Темный
Dun	Тонкий
Eerlijk	Честный
Exotisch	Экзотический
Gelukkig	Счастливый
Identiek	Идентичный
Jong	Молодой
Lang	Длинный
Langzaam	Медленный
Modern	Современный
Onschuldig	Невинный
Perfect	Совершенный
Waardevol	Ценный
Zwaar	Тяжелый

Bijvoeglijke Naamwoorden
Прилагательные #2

Authentiek	Аутентичный
Begaafd	Одаренный
Beschrijvend	Описательный
Creatief	Творческий
Dramatisch	Драматический
Gezond	Здоровый
Hongerig	Голодный
Interessant	Интересный
Moe	Усталый
Natuurlijk	Естественный
Nieuw	Новый
Normaal	Нормальный
Productief	Продуктивный
Slaperig	Сонный
Sterk	Сильный
Trots	Гордый
Verantwoordelijk	Ответственный
Wild	Дикий
Zout	Соленый
Zuiver	Чистый

Bloemen
Цветы

Bloemblad	Лепесток
Boeket	Букет
Gardenia	Гардения
Hibiscus	Гибискус
Jasmijn	Жасмин
Klaver	Клевер
Lavendel	Лаванда
Lelie	Лилия
Lila	Сирень
Madeliefje	Маргаритка
Magnolia	Магнолия
Orchidee	Орхидея
Paardebloem	Одуванчик
Papaver	Мак
Pioenroos	Пион
Plumeria	Плюмерия
Roos	Роза
Tulp	Тюльпан
Zonnebloem	Подсолнух

Boeken
Книги

Auteur	Автор
Avontuur	Приключение
Bladzijde	Страница
Collectie	Коллекция
Context	Контекст
Episch	Эпический
Gedicht	Стих
Geschreven	Написано
Historisch	Исторический
Karakter	Характер
Lezer	Читатель
Literair	Литературный
Poëzie	Поэзия
Relevant	Уместный
Roman	Роман
Serie	Серии
Tragisch	Трагический
Verhaal	История
Verteller	Рассказчик
Woorden	Слова

Boerderij #1
Ферма #1

Bij	Пчела
Ezel	Осел
Geit	Коза
Hek	Забор
Hond	Собака
Honing	Мед
Hooi	Сено
Kalf	Телец
Kat	Кошка
Kip	Курица
Koe	Корова
Kraai	Ворона
Kudde	Стадо
Mest	Удобрение
Paard	Лошадь
Rijst	Рис
Varken	Свинья
Veld	Поле
Water	Вода
Zaden	Семена

Boerderij #2
Ферма #2

Bijenkorf	Улей
Boer	Фермер
Boomgaard	Сад
Dieren	Животные
Eend	Утка
Fruit	Фрукт
Gerst	Ячмень
Groente	Овощ
Herder	Пасти
Irrigatie	Орошение
Lam	Ягненок
Lama	Лама
Maïs	Кукуруза
Melk	Молоко
Schaap	Овца
Schuur	Амбар
Tarwe	Пшеница
Tractor	Трактор
Voedsel	Еда
Weide	Луг

Boten
Лодки

Anker	Якорь
Bemanning	Экипаж
Boei	Буй
Dok	Док
Golven	Волны
Jacht	Яхта
Kajak	Каяк
Kano	Каноэ
Mast	Мачта
Matroos	Моряк
Meer	Озеро
Motor	Двигатель
Nautisch	Морской
Oceaan	Океан
Rivier	Река
Tij	Прилив
Touw	Веревка
Veerboot	Паром
Vlot	Плот
Zee	Море

Camping
Кемпинг

Avontuur	Приключение
Berg	Гора
Bomen	Деревья
Bos	Лес
Brand	Огонь
Dieren	Животные
Hangmat	Гамак
Hoed	Шляпа
Insect	Насекомое
Jacht	Охота
Kaart	Карта
Kano	Каноэ
Kompas	Компас
Lantaarn	Фонарь
Maan	Луна
Meer	Озеро
Natuur	Природа
Tent	Палатка
Touw	Веревка
Verhalen	Истории

Chocolade
Шоколад

Antioxidant	Антиоксидант
Aroma	Аромат
Bitter	Горький
Cacao	Какао
Calorieën	Калории
Exotisch	Экзотический
Favoriet	Любимый
Heerlijk	Вкусный
Ingrediënt	Ингредиент
Karamel	Карамель
Kokosnoot	Кокос
Kwaliteit	Качество
Pinda'S	Арахис
Poeder	Порошок
Recept	Рецепт
Smaak	Вкус
Snoep	Конфеты
Suiker	Сахар
Zoet	Сладкий

Circus
Цирк

Aap	Обезьяна
Acrobaat	Акробат
Clown	Клоун
Dieren	Животные
Goochelaar	Маг
Jongleur	Жонглер
Kaartje	Билет
Kostuum	Костюм
Laat	Показать
Leeuw	Лев
Magie	Магия
Muziek	Музыка
Olifant	Слон
Parade	Парад
Snoep	Конфеты
Tent	Палатка
Tijger	Тигр
Toeschouwer	Зритель
Truc	Обманывать
Vermaken	Развлекать

Dagen en Maanden
Дни и Месяцы

Augustus	Август
Dinsdag	Вторник
Donderdag	Четверг
Februari	Февраль
Jaar	Год
Januari	Январь
Juli	Июль
Juni	Июнь
Kalender	Календарь
Maand	Месяц
Maandag	Понедельник
Maart	Март
November	Ноябрь
Oktober	Октябрь
September	Сентябрь
Vrijdag	Пятница
Week	Неделя
Woensdag	Среда
Zaterdag	Суббота
Zondag	Воскресенье

Dans
Танец

Academie	Академия
Beweging	Движение
Blij	Радостный
Choreografie	Хореография
Cultureel	Культурный
Cultuur	Культура
Emotie	Эмоция
Expressief	Выразительный
Genade	Грация
Houding	Поза
Klassiek	Классический
Kunst	Искусство
Lichaam	Тело
Muziek	Музыка
Partner	Партнер
Repetitie	Репетиция
Ritme	Ритм
Traditioneel	Традиционный
Visueel	Визуальный

Dinosaurussen
Динозавры

Aarde	Земля
Enorm	Огромный
Evolutie	Эволюция
Fossielen	Ископаемые
Groot	Большой
Grootte	Размер
Herbivoor	Травоядное
Krachtig	Мощный
Mammoet	Мамонт
Omnivoor	Всеядный
Prooi	Добыча
Reptiel	Рептилия
Soort	Вид
Staart	Хвост
Verdwijning	Исчезновение
Vicieuze	Порочный
Vleugels	Крылья

Ecologie
Экология

Bergen	Горы
Diversiteit	Разнообразие
Droogte	Засуха
Fauna	Фауна
Flora	Флора
Gemeenschappen	Сообщества
Globaal	Глобальный
Klimaat	Климат
Marinier	Морской
Moeras	Болото
Natuur	Природа
Natuurlijk	Естественный
Overleving	Выживание
Planten	Растения
Soort	Вид
Vrijwilligers	Волонтеры

Emoties
Эмоции

Angst	Страх
Beschaamd	Смущенный
Dankbaar	Благодарный
Droefheid	Печаль
Gelukzaligheid	Блаженство
Inhoud	Содержание
Kalm	Спокойный
Liefde	Любовь
Ontspannen	Расслабленный
Opluchting	Облегчение
Rust	Спокойствие
Sympathie	Симпатия
Tederheid	Нежность
Tevreden	Доволен
Verrassing	Сюрприз
Verveling	Скука
Vrede	Мир
Vreugde	Радость
Vriendelijkheid	Доброта
Woede	Гнев

Eten #1
Еда #1

Aardbei	Клубника
Abrikoos	Абрикос
Basilicum	Базилик
Citroen	Лимон
Gerst	Ячмень
Kaneel	Корица
Knoflook	Чеснок
Melk	Молоко
Peer	Груша
Pinda	Арахис
Salade	Салат
Sap	Сок
Soep	Суп
Spinazie	Шпинат
Suiker	Сахар
Tonijn	Тунец
Ui	Лук
Vlees	Мясо
Wortel	Морковь
Zout	Соль

Eten #2
Еда #2

Amandel	Миндаль
Ananas	Ананас
Appel	Яблоко
Asperge	Спаржа
Aubergine	Баклажан
Banaan	Банан
Broccoli	Брокколи
Brood	Хлеб
Druif	Виноград
Ei	Яйцо
Ham	Ветчина
Kaas	Сыр
Kip	Курица
Kiwi	Киви
Perzik	Персик
Rijst	Рис
Tarwe	Пшеница
Tomaat	Помидор
Vis	Рыба
Yoghurt	Йогурт

Familie
Семья

Broer	Брат
Dochter	Дочь
Grootmoeder	Бабушка
Jeugd	Детство
Kind	Ребенок
Kinderen	Дети
Kleinzoon	Внук
Man	Муж
Moeder	Мать
Neef	Племянник
Nicht	Племянница
Oom	Дядя
Opa	Дед
Tante	Тетя
Tweeling	Близнецы
Vader	Отец
Vaderlijk	Отцовский
Voorouder	Предок
Vrouw	Жена
Zus	Сестра

Fruit
Фрукты

Abrikoos	Абрикос
Ananas	Ананас
Appel	Яблоко
Avocado	Авокадо
Banaan	Банан
Bes	Ягода
Citroen	Лимон
Druif	Виноград
Framboos	Малина
Kers	Вишня
Kiwi	Киви
Kokosnoot	Кокос
Mango	Манго
Meloen	Дыня
Nectarine	Нектарин
Oranje	Оранжевый
Papaja	Папайя
Peer	Груша
Perzik	Персик
Pruim	Слива

Gebouwen
Здания

Ambassade	Посольство
Appartement	Квартира
Bioscoop	Кино
Boerderij	Ферма
Fabriek	Завод
Garage	Гараж
Hotel	Отель
Kasteel	Замок
Laboratorium	Лаборатория
Museum	Музей
Observatorium	Обсерватория
School	Школа
Schuur	Амбар
Stadion	Стадион
Supermarkt	Супермаркет
Tent	Палатка
Theater	Театр
Toren	Башня
Universiteit	Университет
Ziekenhuis	Больница

Geografie
География

Atlas	Атлас
Berg	Гора
Breedtegraad	Широта
Continent	Континент
Eiland	Остров
Evenaar	Экватор
Halfrond	Полусфера
Hoogte	Высота
Kaart	Карта
Land	Страна
Meridiaan	Меридиан
Noorden	Север
Oceaan	Океан
Regio	Регион
Rivier	Река
Stad	Город
Wereld	Мир
Westen	Запад
Zee	Море
Zuiden	Юг

Geologie
Геология

Aardbeving	Землетрясение
Calcium	Кальций
Continent	Континент
Erosie	Эрозия
Fossiel	Ископаемое
Geiser	Гейзер
Gesmolten	Расплавленный
Grot	Пещера
Koraal	Коралл
Kristallen	Кристаллы
Kwarts	Кварц
Laag	Слой
Lava	Лава
Plateau	Плато
Stalactiet	Сталактит
Steen	Камень
Vulkaan	Вулкан
Zone	Зона
Zout	Соль
Zuur	Кислота

Getallen
Цифры

Acht	Восемь
Achttien	Восемнадцать
Dertien	Тринадцать
Drie	Три
Een	Один
Negen	Девять
Negentien	Девятнадцать
Nul	Нуль
Tien	Десять
Twaalf	Двенадцать
Twee	Два
Twintig	Двадцать
Veertien	Четырнадцать
Vier	Четыре
Vijf	Пять
Vijftien	Пятнадцать
Zes	Шесть
Zestien	Шестнадцать
Zeven	Семь
Zeventien	Семнадцать

Groenten
Овощи

Artisjok	Артишок
Aubergine	Баклажан
Broccoli	Брокколи
Erwt	Горох
Gember	Имбирь
Knoflook	Чеснок
Komkommer	Огурец
Olijf	Оливка
Paddestoel	Гриб
Peterselie	Петрушка
Pompoen	Тыква
Raap	Репа
Radijs	Редис
Salade	Салат
Selderij	Сельдерей
Sjalot	Шалот
Spinazie	Шпинат
Tomaat	Помидор
Ui	Лук
Wortel	Морковь

Haartypes
Типы Волос

Blond	Блондин
Bruin	Коричневый
Dik	Толстый
Droog	Сухой
Dun	Тонкий
Gekleurd	Цветной
Gevlochten	Плетеный
Gezond	Здоровый
Glimmend	Блестящий
Grijs	Серый
Hoofdhuid	Скальп
Kaal	Лысый
Kort	Короткая
Krullen	Кудри
Krullend	Кудрявый
Lang	Длинный
Wit	Белый
Zacht	Мягкий
Zilver	Серебро
Zwart	Черный

Herbalisme
Тимбализм

Aromatisch	Ароматический
Basilicum	Базилик
Bloem	Цветок
Culinair	Кулинарный
Dille	Укроп
Dragon	Эстрагон
Groen	Зеленый
Ingrediënt	Ингредиент
Knoflook	Чеснок
Kwaliteit	Качество
Lavendel	Лаванда
Marjolein	Майоран
Oregano	Орегано
Peterselie	Петрушка
Rozemarijn	Розмарин
Saffraan	Шафран
Smaak	Вкус
Tijm	Тимьян
Tuin	Сад
Venkel	Фенхель

Huis
Дом

Bezem	Метла
Bibliotheek	Библиотека
Dak	Крыша
Deur	Дверь
Douche	Душ
Garage	Гараж
Haard	Камин
Hek	Забор
Kamer	Комната
Kelder	Подвал
Keuken	Кухня
Lamp	Лампа
Meubilair	Мебель
Muur	Стена
Plafond	Потолок
Schoorsteen	Дымоход
Slaapkamer	Спальня
Spiegel	Зеркало
Tapijt	Коврик
Tuin	Сад

Huisdieren
Домашние Животные

Dierenarts	Ветеринар
Geit	Коза
Hagedis	Ящерица
Hamster	Хомяк
Hond	Собака
Kat	Кошка
Klauwen	Когти
Koe	Корова
Konijn	Кролик
Kraag	Воротник
Muis	Мышь
Papegaai	Попугай
Poten	Лапы
Puppy	Щенок
Schildpad	Черепаха
Staart	Хвост
Vis	Рыба
Voedsel	Еда
Water	Вода

Hulpmiddelen
Инструменты

Bijl	Топор
Fakkel	Факел
Hamer	Молоток
Heerser	Правитель
Kabel	Кабель
Ladder	Лестница
Lijm	Клей
Mes	Нож
Nietmachine	Степлер
Schaar	Ножницы
Scheermes	Бритва
Schop	Лопата
Schroef	Винт
Tang	Плоскогубцы
Touw	Веревка
Wiel	Колесо

Insecten
Насекомые

Bidsprinkhaan	Богомол
Bij	Пчела
Bladluis	Тля
Cicade	Цикада
Horzel	Шершень
Kakkerlak	Таракан
Kever	Жук
Larve	Личинка
Libel	Стрекоза
Mier	Муравей
Mug	Комар
Sprinkhaan	Кузнечик
Termiet	Термит
Vlinder	Бабочка
Vlo	Блоха
Wesp	Оса
Worm	Червь

Installaties
Растения

Bamboe	Бамбук
Bes	Ягода
Blad	Лист
Bloem	Цветок
Bloesem	Цветение
Boom	Дерево
Boon	Боб
Bos	Лес
Cactus	Кактус
Flora	Флора
Gebladerte	Листва
Gras	Трава
Groeien	Расти
Klimop	Плющ
Mest	Удобрение
Mos	Мох
Plantkunde	Ботаника
Struik	Куст
Tuin	Сад
Wortel	Корень

Kampioenschap
Чемпионат

Ademen	Дышать
Finalist	Финалист
Games	Игры
Kampioen	Чемпион
Kampioenschap	Чемпионат
Liga	Лига
Medaille	Медаль
Motivatie	Мотивация
Prestatie	Представление
Rechter	Судья
Sport	Спортивный
Strategie	Стратегия
Team	Команда
Toernooi	Турнир
Trainer	Тренер
Zege	Победа

Kastelen
Замки

Draak	Дракон
Dynastie	Династия
Edele	Благородный
Eenhoorn	Единорог
Feodaal	Феодальный
Harnas	Броня
Katapult	Катапульта
Kerker	Темница
Koninkrijk	Королевство
Kroon	Корона
Muur	Стена
Paard	Лошадь
Paleis	Дворец
Prins	Принц
Prinses	Принцесса
Ridder	Рыцарь
Rijk	Империя
Schild	Щит
Toren	Башня
Zwaard	Меч

Katten
Кошки

Bont	Мех
Garen	Пряжа
Gek	Сумасшедший
Grappig	Смешной
Jager	Охотник
Klauw	Коготь
Klein	Маленький
Muis	Мышь
Nieuwsgierig	Любопытный
Onafhankelijk	Независимый
Persoonlijkheid	Личность
Poot	Лапа
Slaap	Спать
Snel	Быстро
Speels	Игривый
Staart	Хвост
Verlegen	Застенчивый
Wild	Дикий

Keuken
Кухня

Cup	Чашки
Grill	Гриль
Ketel	Чайник
Koelkast	Холодильник
Kom	Чаша
Kruik	Кувшин
Lepels	Ложки
Messen	Ножи
Oven	Печь
Pollepel	Ковш
Pot	Банка
Recept	Рецепт
Schort	Фартук
Servet	Салфетка
Specerijen	Специи
Spons	Губка
Voedsel	Еда
Vorken	Вилки
Vriezer	Морозилка

Kleding
Одежда

Armband	Браслет
Blouse	Блуза
Broek	Брюки
Handschoenen	Перчатки
Hoed	Шляпа
Jas	Пальто
Jasje	Куртка
Jurk	Платье
Ketting	Ожерелье
Mode	Мода
Pyjama	Пижама
Riem	Пояс
Rok	Юбка
Sandalen	Сандалии
Schoen	Обувь
Schort	Фартук
Shirt	Рубашка
Sjaal	Шарф
Sokken	Носки
Trui	Свитер

Kleuren
Цвета

Azuur	Лазурный
Beige	Бежевый
Blauw	Синий
Bruin	Коричневый
Cyaan	Циан
Fuchsia	Фуксия
Geel	Желтый
Grijs	Серый
Groen	Зеленый
Indigo	Индиго
Magenta	Пурпурный
Oranje	Оранжевый
Paars	Фиолетовый
Rood	Красный
Roze	Розовый
Sepia	Сепия
Wit	Белый
Zwart	Черный

Klimmen
Альпинизм

Atmosfeer	Атмосфера
Deskundige	Эксперт
Fysiek	Физический
Grot	Пещера
Handschoenen	Перчатки
Helm	Шлем
Hoogte	Высота
Kaart	Карта
Kracht	Сила
Laarzen	Ботинки
Letsel	Травма
Nieuwsgierigheid	Любопытство
Opleiding	Обучение
Smal	Узкий
Stabiliteit	Стабильность
Uitdagingen	Проблемы
Wandelen	Пеший Туризм

Komedie
Комедия

Acteur	Актер
Actrice	Актриса
Applaus	Аплодисменты
Clowns	Клоуны
Expressief	Выразительный
Gelach	Смех
Genre	Жанр
Grappen	Шутки
Grappig	Смешной
Humor	Юмор
Improvisatie	Импровизация
Parodie	Пародия
Plezier	Веселье
Publiek	Аудитория
Slim	Умный
Televisie	Телевидение
Theater	Театр

Kunst
Искусство

Beeldhouwwerk	Скульптура
Complex	Сложный
Eenvoudig	Простой
Eerlijk	Честный
Figuur	Фигура
Geïnspireerd	Вдохновленный
Humeur	Настроение
Keramisch	Керамический
Onderwerp	Тема
Origineel	Оригинал
Poëzie	Поэзия
Portretteren	Изображать
Samenstelling	Состав
Surrealisme	Сюрреализм
Symbool	Символ
Uitdrukking	Выражение
Visueel	Визуальный

Kunstbenodigdheden
Художественные Принадлежности

Acryl	Акриловый
Aquarellen	Акварели
Borstels	Щетки
Camera	Камера
Creativiteit	Креативность
Ezel	Мольберт
Gom	Ластик
Houtskool	Уголь
Inkt	Чернила
Klei	Глина
Kleuren	Цвета
Lijm	Клей
Olie	Масло
Papier	Бумага
Pastel	Пастели
Potloden	Карандаши
Stoel	Стул
Tafel	Стол
Verf	Краски
Water	Вода

Landen #2
Страны #2

Denemarken	Дания
Ethiopië	Эфиопия
Frankrijk	Франция
Griekenland	Греция
Ierland	Ирландия
Indonesië	Индонезия
Japan	Япония
Kenia	Кения
Laos	Лаос
Libanon	Ливан
Liberia	Либерия
Maleisië	Малайзия
Mexico	Мексика
Nepal	Непал
Nigeria	Нигерия
Oeganda	Уганда
Oekraïne	Украина
Rusland	Россия
Somalië	Сомали
Syrië	Сирия

Landschappen
Пейзажи

Berg	Гора
Eiland	Остров
Geiser	Гейзер
Gletsjer	Ледник
Grot	Пещера
Heuvel	Холм
Ijsberg	Айсберг
Meer	Озеро
Moeras	Болото
Oase	Оазис
Oceaan	Океан
Rivier	Река
Schiereiland	Полуостров
Strand	Пляж
Toendra	Тундра
Vallei	Долина
Vulkaan	Вулкан
Waterval	Водопад
Woestijn	Пустыня
Zee	Море

Literatuur
Литература

Analogie	Аналогия
Analyse	Анализ
Anekdote	Анекдот
Auteur	Автор
Biografie	Биография
Conclusie	Заключение
Dialoog	Диалог
Gedicht	Стих
Mening	Мнение
Metafoor	Метафора
Omschrijving	Описание
Poëtisch	Поэтика
Rijm	Рифма
Ritme	Ритм
Roman	Роман
Stijl	Стиль
Thema	Тема
Tragedie	Трагедия
Vergelijking	Сравнение
Verteller	Рассказчик

Meditatie
Медитация

Aandacht	Внимание
Aanvaarding	Принятие
Ademhaling	Дыхание
Beweging	Движение
Dankbaarheid	Благодарность
Emoties	Эмоции
Gedachten	Мысли
Geluk	Счастье
Helderheid	Ясность
Houding	Поза
Mededogen	Сострадание
Mentaal	Умственный
Muziek	Музыка
Natuur	Природа
Observatie	Наблюдение
Perspectief	Перспектива
Stilte	Тишина
Vrede	Мир
Vriendelijkheid	Доброта
Wakker	Бодрствующий

Meer Informatie
Научная Фантастика

Atoom	Атомный
Bioscoop	Кино
Boeken	Книги
Brand	Огонь
Denkbeeldig	Воображаемый
Dystopie	Антиутопия
Explosie	Взрыв
Extreem	Экстремальный
Illusie	Иллюзия
Klonen	Клоны
Mysterieus	Таинственный
Orakel	Оракул
Planeet	Планета
Realistisch	Реалистичный
Robots	Роботы
Scenario	Сценарий
Sterrenstelsel	Галактика
Technologie	Технология
Utopie	Утопия
Wereld	Мир

Menselijk Lichaam
Тело Человека

Been	Нога
Bloed	Кровь
Elleboog	Локоть
Enkel	Лодыжка
Hand	Рука
Hart	Сердце
Hersenen	Мозг
Hoofd	Голова
Huid	Кожа
Kaak	Челюсть
Kin	Подбородок
Knie	Колено
Maag	Желудок
Mond	Рот
Nek	Шея
Neus	Нос
Oor	Ухо
Schouder	Плечо
Tong	Язык
Vinger	Палец

Metingen
Измерения

Breedte	Ширина
Byte	Байт
Centimeter	Сантиметр
Decimaal	Десятичный
Diepte	Глубина
Gewicht	Вес
Gram	Грамм
Hoogte	Высота
Inch	Дюйм
Kilogram	Килограмм
Kilometer	Километр
Lengte	Длина
Liter	Литр
Massa	Масса
Meter	Метр
Minuut	Минута
Ons	Унция
Pint	Пинта
Ton	Тонна
Volume	Объем

Muziekinstrumenten
Музыкальные Инструменты

Banjo	Банджо
Cello	Виолончель
Fagot	Фагот
Fluit	Флейта
Gitaar	Гитара
Gong	Гонг
Harp	Арфа
Hobo	Гобой
Klarinet	Кларнет
Mandoline	Мандолина
Marimba	Маримба
Mondharmonica	Гармоника
Percussie	Перкуссия
Piano	Пианино
Saxofoon	Саксофон
Tamboerijn	Бубен
Trombone	Тромбон
Trommel	Барабан
Trompet	Труба
Viool	Скрипка

Mythologie
Мифология

Archetype	Архетип
Bliksem	Молния
Creatie	Создание
Cultuur	Культура
Donder	Гром
Doolhof	Лабиринт
Gedrag	Поведение
Held	Герой
Heldin	Героиня
Hemel	Небеса
Jaloezie	Ревность
Kracht	Сила
Krijger	Воин
Legende	Легенда
Monster	Монстр
Onsterfelijkheid	Бессмертие
Ramp	Катастрофа
Sterfelijk	Смертный
Wezen	Существо
Wraak	Месть

Natuur
Природа

Arctisch	Арктический
Bergen	Горы
Bijen	Пчелы
Bos	Лес
Dieren	Животные
Dynamisch	Динамический
Erosie	Эрозия
Gebladerte	Листва
Gletsjer	Ледник
Heiligdom	Святилище
Klippen	Скалы
Mist	Туман
Rivier	Река
Schoonheid	Красота
Schuilplaats	Укрытие
Sereen	Безмятежный
Tropisch	Тропический
Wild	Дикий
Woestijn	Пустыня
Wolken	Облака

Oceaan
Океан

Aal	Угорь
Algen	Водоросли
Boot	Лодка
Dolfijn	Дельфин
Garnaal	Креветка
Getijden	Приливы
Haai	Акула
Koraal	Коралл
Krab	Краб
Kwal	Медуза
Octopus	Осьминог
Oester	Устрица
Rif	Риф
Schildpad	Черепаха
Spons	Губка
Storm	Буря
Tonijn	Тунец
Vis	Рыба
Walvis	Кит
Zout	Соль

Om in te Vullen
Заполнить

Bekken	Бассейн
Buis	Трубка
Dienblad	Лоток
Doos	Коробка
Emmer	Ведро
Envelop	Конверт
Fles	Бутылка
Karton	Картон
Koffer	Чемодан
Mand	Корзина
Map	Папка
Pakje	Пакет
Pot	Банка
Vaas	Ваза
Vat	Бочка
Zak	Карман

Piraten
Пираты

Anker	Якорь
Avontuur	Приключение
Bemanning	Экипаж
Eiland	Остров
Gevaar	Опасность
Goud	Золото
Grot	Пещера
Kaart	Карта
Kapitein	Капитан
Kompas	Компас
Legende	Легенда
Litteken	Шрам
Oceaan	Океан
Papegaai	Попугай
Rum	Ром
Schat	Сокровище
Slecht	Плохой
Strand	Пляж
Vlag	Флаг
Zwaard	Меч

Regenwoud
Тропический Лес

Amfibieën	Амфибии
Behoud	Сохранение
Botanisch	Ботанический
Diversiteit	Разнообразие
Gemeenschap	Сообщество
Insecten	Насекомые
Jungle	Джунгли
Klimaat	Климат
Mos	Мох
Natuur	Природа
Overleving	Выживание
Respect	Уважение
Soort	Вид
Toevlucht	Убежище
Vogels	Птицы
Waardevol	Ценный
Wolken	Облака
Zoogdieren	Млекопитающие

Restaurant #1
Ресторан #1

Allergie	Аллергия
Brood	Хлеб
Ingrediënten	Ингредиенты
Kassier	Кассир
Keuken	Кухня
Kip	Курица
Koffie	Кофе
Kom	Чаша
Menu	Меню
Mes	Нож
Pittig	Пряный
Reservering	Бронирование
Saus	Соус
Serveerster	Официантка
Servet	Салфетка
Toetje	Десерт
Vlees	Мясо
Voedsel	Еда

Restaurant #2
Ресторан #2

Cake	Торт
Diner	Обед
Drank	Напиток
Eieren	Яйца
Fruit	Фрукт
Groente	Овощи
Heerlijk	Вкусный
Ijs	Лед
Lepel	Ложка
Noedels	Лапша
Ober	Официант
Salade	Салат
Soep	Суп
Specerijen	Специи
Stoel	Стул
Vis	Рыба
Voorgerecht	Закуска
Vork	Вилка
Water	Вода
Zout	Соль

Rijden
Вождение

Auto	Автомобиль
Brandstof	Топливо
Garage	Гараж
Gas	Газ
Gevaar	Опасность
Kaart	Карта
Licentie	Лицензия
Motor	Мотор
Motorfiets	Мотоцикл
Ongeluk	Авария
Politie	Полиция
Remmen	Тормоза
Snelheid	Скорость
Straat	Улица
Tunnel	Туннель
Veiligheid	Безопасность
Verkeer	Движение
Voetganger	Пешеход
Vrachtauto	Грузовик
Weg	Дорога

Schaken
Шахматы

Diagonaal	Диагональ
Kampioen	Чемпион
Koning	Король
Koningin	Королева
Offer	Жертва
Passief	Пассивный
Punten	Точки
Reglement	Правила
Slim	Умный
Spel	Игра
Speler	Игрок
Strategie	Стратегия
Tegenstander	Оппонент
Tijd	Время
Toernooi	Турнир
Uitdagingen	Проблемы
Wedstrijd	Конкурс
Wit	Белый
Zwart	Черный

School #1
Школа #1

Alfabet	Алфавит
Antwoorden	Ответы
Bibliotheek	Библиотека
Boeken	Книги
Bureau	Стол
Cijfers	Числа
Examens	Экзамены
Leraar	Учитель
Lunch	Обед
Mappen	Папки
Markeringen	Маркеры
Papier	Бумага
Pennen	Ручки
Plezier	Веселье
Potlood	Карандаш
Quiz	Викторина
Stoel	Стул
Vrienden	Друзья
Wiskunde	Математика

School #2
Школа #2

Academisch	Академический
Bibliotheek	Библиотека
Boeken	Книги
Bus	Автобус
Computer	Компьютер
Grammatica	Грамматика
Kalender	Календарь
Leraar	Учитель
Literatuur	Литература
Onderwijs	Образование
Papier	Бумага
Pennen	Ручки
Potlood	Карандаш
Rugzak	Рюкзак
Schaar	Ножницы
Schoenen	Обувь
Weekend	Выходные
Wetenschap	Наука
Wiskunde	Математика
Woordenboek	Словарь

Specerijen
Специи

Anijs	Анис
Bitter	Горький
Fenegriek	Пажитник
Gember	Имбирь
Kaneel	Корица
Kardemom	Кардамон
Kerrie	Карри
Knoflook	Чеснок
Komijn	Тмин
Koriander	Кориандр
Kruidnagel	Гвоздика
Paprika	Паприка
Peper	Перец
Saffraan	Шафран
Smaak	Вкус
Ui	Лук
Vanille	Ваниль
Venkel	Фенхель
Zoet	Сладкий
Zout	Соль

Speelgoed
Игрушки

Ambachten	Ремесла
Auto	Автомобиль
Bal	Мяч
Boeken	Книги
Boot	Лодка
Drums	Барабаны
Favoriet	Любимый
Fiets	Велосипед
Games	Игры
Klei	Глина
Pop	Кукла
Puzzel	Головоломка
Robot	Робот
Schaak	Шахматы
Trein	Поезд
Verbeelding	Воображение
Verf	Краски
Vliegtuig	Самолет
Vrachtauto	Грузовик

Sport
Виды Спорта

Atleet	Спортсмен
Basketbal	Баскетбол
Beweging	Движение
Fiets	Велосипед
Golf	Гольф
Gymnasium	Гимназия
Gymnastiek	Гимнастика
Hockey	Хоккей
Honkbal	Бейсбол
Kampioenschap	Чемпионат
Scheidsrechter	Судья
Spel	Игра
Speler	Игрок
Stadion	Стадион
Team	Команда
Tennis	Теннис
Trainer	Тренер
Winnaar	Победитель
Zwemmen	Плавать

Stad
Город

Apotheek	Аптека
Bakkerij	Пекарня
Bank	Банк
Bibliotheek	Библиотека
Bioscoop	Кино
Bloemist	Флорист
Dierentuin	Зоопарк
Galerij	Галерея
Hotel	Отель
Kliniek	Клиника
Luchthaven	Аэропорт
Markt	Рынок
Museum	Музей
Restaurant	Ресторан
School	Школа
Stadion	Стадион
Supermarkt	Супермаркет
Theater	Театр
Universiteit	Университет
Winkel	Магазин

Strand
Пляж

Blauw	Синий
Boot	Лодка
Dok	Док
Eiland	Остров
Handdoek	Полотенце
Krab	Краб
Kust	Побережье
Lagune	Лагуна
Oceaan	Океан
Paraplu	Зонтик
Rif	Риф
Sandalen	Сандалии
Vakantie	Отпуск
Zand	Песок
Zee	Море
Zon	Солнце
Zwemmen	Плавать

Surfen
Серфинг

Atleet	Спортсмен
Beginner	Начинающий
Extreem	Экстремальный
Golf	Волна
Kampioen	Чемпион
Kracht	Сила
Maag	Желудок
Menigte	Толпы
Oceaan	Океан
Peddelen	Весло
Plezier	Веселье
Populair	Популярный
Rif	Риф
Schuim	Пена
Snelheid	Скорость
Stijl	Стиль
Strand	Пляж
Weer	Погода
Zwemmen	Плавать

Technologie
Технология

Bericht	Сообщение
Bestand	Файл
Blog	Блог
Browser	Браузера
Bytes	Байтов
Camera	Камера
Computer	Компьютер
Cursor	Курсор
Digitaal	Цифровой
Gegevens	Данные
Internet	Интернет
Lettertype	Шрифт
Onderzoek	Исследование
Scherm	Экран
Statistiek	Статистика
Veiligheid	Безопасность
Virtueel	Виртуальный
Virus	Вирус

Tijd
Время

Dag	День
Decennium	Десятилетие
Eeuw	Век
Gisteren	Вчера
Jaar	Год
Jaarlijks	Ежегодный
Kalender	Календарь
Klok	Часы
Maand	Месяц
Middag	Полдень
Minuut	Минута
Na	После
Nacht	Ночь
Nu	Сейчас
Ochtend	Утро
Toekomst	Будущее
Uur	Час
Vandaag	Сегодня
Vroeg	Рано
Week	Неделя

Tuin
Сад

Bank	Скамья
Bloem	Цветок
Bodem	Почва
Boom	Дерево
Garage	Гараж
Gazon	Лужайка
Gras	Трава
Hangmat	Гамак
Hark	Грабли
Hek	Забор
Onkruid	Сорняки
Schop	Лопата
Slang	Шланг
Struik	Куст
Terras	Терраса
Trampoline	Батут
Tuin	Сад
Veranda	Крыльцо
Vijver	Пруд

Vakantie #1
Отпуск #1

Auto	Автомобиль
Douane	Таможня
Expeditie	Экспедиция
Kaartje	Билет
Koffer	Чемодан
Meer	Озеро
Museum	Музей
Ontspanning	Релаксация
Paraplu	Зонтик
Reisplan	Маршрут
Rugzak	Рюкзак
Toerist	Турист
Tram	Трамвай
Valuta	Валюта
Vliegtuig	Самолет
Zwemmen	Плавать

Vakantie #2
Отпуск #2

Buitenlander	Иностранец
Buitenlands	Иностранный
Eiland	Остров
Hotel	Отель
Kaart	Карта
Kamperen	Кемпинг
Luchthaven	Аэропорт
Paspoort	Паспорт
Reis	Путешествие
Reserveringen	Бронирование
Restaurant	Ресторан
Strand	Пляж
Taxi	Такси
Tent	Палатка
Trein	Поезд
Vakantie	Праздник
Vervoer	Транспорт
Visum	Виза
Vrije Tijd	Досуг
Zee	Море

Verjaardag
День Рождения

Cake	Торт
Dag	День
Geboren	Рожденный
Gelukkig	Счастливый
Geschenk	Подарок
Herinneringen	Воспоминания
Jaar	Год
Jong	Молодой
Kaarsen	Свечи
Kaarten	Карты
Kalender	Календарь
Lied	Песня
Ouder	Старший
Plezier	Веселье
Speciaal	Особый
Tijd	Время
Uitnodigingen	Приглашения
Viering	Празднование
Vrienden	Друзья
Wijsheid	Мудрость

Vissen
Рыбалка

Aas	Приманка
Apparatuur	Оборудование
Boot	Лодка
Draad	Провод
Geduld	Терпение
Gewicht	Вес
Haak	Крюк
Kaak	Челюсть
Kieuwen	Жабры
Kok	Повар
Mand	Корзина
Meer	Озеро
Oceaan	Океан
Overdrijving	Преувеличение
Rivier	Река
Seizoen	Сезон
Strand	Пляж
Vinnen	Плавники
Water	Вода

Vliegtuigen
Самолеты

Afdaling	Спуск
Atmosfeer	Атмосфера
Avontuur	Приключение
Ballon	Воздушный Шар
Bemanning	Экипаж
Bouw	Строительство
Brandstof	Топливо
Geschiedenis	История
Hemel	Небо
Hoogte	Высота
Lanceren	Запуск
Landen	Посадка
Lucht	Воздух
Motor	Двигатель
Ontwerp	Дизайн
Passagier	Пассажир
Piloot	Пилот
Propellers	Пропеллеры
Richting	Направление
Waterstof	Водород

Voeding
Питание

Bitter	Горький
Calorieën	Калории
Dieet	Диета
Eetbaar	Съедобный
Eetlust	Аппетит
Eiwitten	Белки
Fermentatie	Ферментация
Gewicht	Вес
Gezond	Здоровый
Gezondheid	Здоровье
Koolhydraten	Углеводы
Kwaliteit	Качество
Saus	Соус
Smaak	Вкус
Specerijen	Специи
Spijsvertering	Пищеварение
Toxine	Токсин
Vitamine	Витамин
Vloeistoffen	Жидкости
Voedingsstof	Нутриент

Voertuigen
Транспортные Средства

Auto	Автомобиль
Banden	Шины
Bestelwagen	Фургон
Boot	Лодка
Bus	Автобус
Caravan	Караван
Fiets	Велосипед
Helikopter	Вертолет
Metro	Метро
Motor	Мотор
Raket	Ракета
Scooter	Скутер
Shuttle	Челнок
Taxi	Такси
Tractor	Трактор
Trein	Поезд
Veerboot	Паром
Vliegtuig	Самолет
Vlot	Плот
Vrachtauto	Грузовик

Vogels
Птицы

Duif	Голубь
Eend	Утка
Ei	Яйцо
Flamingo	Фламинго
Gans	Гусь
Kip	Курица
Koekoek	Кукушка
Kraai	Ворона
Meeuw	Чайка
Mus	Воробей
Ooievaar	Аист
Papegaai	Попугай
Pauw	Павлин
Pelikaan	Пеликан
Pinguïn	Пингвин
Reiger	Цапля
Struisvogel	Страус
Toekan	Тукан
Uil	Сова
Zwaan	Лебедь

Vormen
Формы

Bol	Сфера
Boog	Дуга
Cilinder	Цилиндр
Cirkel	Круг
Curve	Изгиб
Driehoek	Треугольник
Hoek	Угол
Hyperbool	Гипербола
Kant	Сторона
Kegel	Конус
Kubus	Куб
Lijn	Линия
Ovaal	Овальный
Piramide	Пирамида
Prisma	Призма
Randen	Края
Rechthoek	Прямоугольник
Ronde	Круглый
Veelhoek	Полигон
Vierkant	Площадь

Wandelen
Пеший Туризм

Berg	Гора
Dieren	Животные
Gevaren	Опасности
Kaart	Карта
Kamperen	Кемпинг
Klif	Утес
Klimaat	Климат
Laarzen	Ботинки
Moe	Усталый
Natuur	Природа
Oriëntatie	Ориентация
Parken	Парки
Stenen	Камни
Top	Саммит
Voorbereiding	Подготовка
Water	Вода
Weer	Погода
Wild	Дикий
Zon	Солнце
Zwaar	Тяжелый

Water
Вода

Douche	Душ
Drinkbaar	Питьевой
Geiser	Гейзер
Golven	Волны
Ijs	Лед
Irrigatie	Орошение
Kanaal	Канал
Meer	Озеро
Moesson	Муссон
Oceaan	Океан
Orkaan	Ураган
Overstroming	Наводнение
Regen	Дождь
Rivier	Река
Sneeuw	Снег
Stoom	Пар
Verdamping	Испарение
Vocht	Влага
Vochtigheid	Влажность
Vorst	Мороз

Weersomstandigheden
Погода

Atmosfeer	Атмосфера
Bliksem	Молния
Donder	Гром
Droogte	Засуха
Hemel	Небо
Ijs	Лед
Klimaat	Климат
Mist	Туман
Moesson	Муссон
Orkaan	Ураган
Overstroming	Наводнение
Polair	Полярный
Regenboog	Радуга
Storm	Буря
Temperatuur	Температура
Tornado	Торнадо
Tropisch	Тропический
Vochtig	Влажный
Wind	Ветер
Wolk	Облако

Wetenschap
Наука

Atoom	Атом
Chemisch	Химические
Deeltjes	Частицы
Evolutie	Эволюция
Experiment	Эксперимент
Feit	Факт
Fossiel	Ископаемое
Gegevens	Данные
Hypothese	Гипотеза
Klimaat	Климат
Laboratorium	Лаборатория
Methode	Метод
Mineralen	Минералы
Moleculen	Молекулы
Natuur	Природа
Natuurkunde	Физика
Observatie	Наблюдение
Organisme	Организм
Wetenschapper	Ученый
Zwaartekracht	Гравитация

Wetenschappelijke Discip
Научные Дисциплины

Anatomie	Анатомия
Archeologie	Археология
Astronomie	Астрономия
Biochemie	Биохимия
Biologie	Биология
Chemie	Химия
Ecologie	Экология
Fysiologie	Физиология
Geologie	Геология
Immunologie	Иммунология
Mechanica	Механика
Meteorologie	Метеорология
Mineralogie	Минералогия
Neurologie	Неврология
Plantkunde	Ботаника
Psychologie	Психология
Robotica	Робототехника
Sociologie	Социология
Thermodynamica	Термодинамика
Voeding	Питание

Wiskunde
Математика

Bol	Сфера
Decimaal	Десятичный
Diameter	Диаметр
Divisie	Деление
Driehoek	Треугольник
Exponent	Экспонент
Fractie	Фракция
Geometrie	Геометрия
Hoeken	Углы
Loodrecht	Перпендикуляр
Omtrek	Периметр
Parallel	Параллель
Rechthoek	Прямоугольник
Rekenkundig	Арифметика
Som	Сумма
Symmetrie	Симметрия
Veelhoek	Полигон
Vergelijking	Уравнение
Vierkant	Площадь
Volume	Объем

Zomer
Лето

Boeken	Книги
Duiken	Ныряние
Familie	Семья
Games	Игры
Herinneringen	Воспоминания
Huis	Дом
Kamperen	Кемпинг
Muziek	Музыка
Ontspanning	Релаксация
Sandalen	Сандалии
Sterren	Звезды
Strand	Пляж
Tuin	Сад
Vakantie	Отпуск
Voedsel	Еда
Vreugde	Радость
Vrienden	Друзья
Vrije Tijd	Досуг
Zee	Море
Zwemmen	Плавать

Zoogdieren
Млекопитающие

Aap	Обезьяна
Bever	Бобр
Coyote	Койот
Dolfijn	Дельфин
Ezel	Осел
Geit	Коза
Giraf	Жираф
Gorilla	Горилла
Hond	Собака
Kameel	Верблюд
Kangoeroe	Кенгуру
Kat	Кошка
Konijn	Кролик
Leeuw	Лев
Olifant	Слон
Paard	Лошадь
Stier	Бык
Vos	Лиса
Walvis	Кит
Wolf	Волк

Gefeliciteerd

Je hebt het gehaald!

We hopen dat u net zoveel plezier beleeft aan dit boek als wij aan het maken ervan. We doen ons best om spellen van hoge kwaliteit te maken.
Deze puzzels zijn op een slimme manier ontworpen zodat je actief kunt leren terwijl je plezier hebt!

Vond je ze mooi?

Een Eenvoudig Verzoek

Onze boeken bestaan dankzij de recensies die zij publiceren. Kunt u ons helpen door nu een mening achter te laten ?

Hier is een korte link die u naar uw bestellingen beoordelingspagina.

BestBooksActivity.com/Recensie50

FINAAL UITDAGING!

Uitdaging nr. 1

Klaar voor uw bonusspel? We gebruiken ze de hele tijd, maar ze zijn niet zo gemakkelijk te vinden. Hier zijn **Synoniemen!**

Noteer 5 woorden die je ontdekt hebt in elk van de onderstaande puzzels (nr. 21, nr. 36, nr. 76) en probeer voor elk woord 2 synoniemen te vinden.

Notitie 5 Woorden uit *Puzzle 21*

Woorden	Synoniem 1	Synoniem 2

Notitie 5 Woorden uit *Puzzle 36*

Woorden	Synoniem 1	Synoniem 2

Notitie 5 Woorden uit *Puzzle 76*

Woorden	Synoniem 1	Synoniem 2

Uitdaging nr. 2

Nu je opgewarmd bent, noteer 5 woorden die je ontdekt hebt in elke hieron-
der genoteerde puzzel (nr. 9, nr. 17, nr. 25) en probeer voor elk woord 2
antoniemen te vinden. Hoeveel regels kan je doen in 20 minuten?

Notitie 5 Woorden uit **Puzzle 9**

Woorden	Antoniem 1	Antoniem 2

Notitie 5 Woorden uit **Puzzle 17**

Woorden	Antoniem 1	Antoniem 2

Notitie 5 Woorden uit **Puzzle 25**

Woorden	Antoniem 1	Antoniem 2

Uitdaging nr. 3

Prachtig, deze finaal uitdaging is makkelijk voor jou!

Klaar voor de laatste? Kies je 10 favoriete woorden die je in een van de puzzels hebt ontdekt en noteer ze hieronder.

1.	6.
2.	7.
3.	8.
4.	9.
5.	10.

De uitdaging is nu om met deze woorden en binnen een maximum van zes zinnen een tekst te schrijven over een persoon, dier of plaats waar je van houdt!

Tip: U kunt de laatste blanco pagina van dit boek als kladblaadje gebruiken!

Je schrijven:

NOTITIEBOEKJE:

TOT SNEL!

Linguas Classics

GENIET VAN GRATIS SPELLEN

GO

↓

BESTACTIVITYBOOKS.COM/FREEGAMES

www.ingramcontent.com/pod-product-compliance
Lightning Source LLC
Chambersburg PA
CBHW081712120626
46550CB00010B/3110